Sven Drühl

Die Aufregung II

20 years later

Kunstverein Leverkusen
Schloss Morsbroich e.V.
4. November – 4. Dezember 2022

KERBER ART

ZUR IDEE DIESER AUSSTELLUNG

Susanne Wedewer-Pampus

Vor 20 Jahren fand hier in den Räumen des Kunstvereins Leverkusen die erste institutionelle Einzelausstellung von Sven Drühl statt. Damals als eine Ausstellung des Museums Morsbroich, dem diese Räume in den Remisen der Schlossanlage als „Studiogalerie" dienten, als Ort für die Vorstellung jüngerer, noch nicht etablierter Positionen.

Der 1954 gegründete Kunstverein Leverkusen begann Ende der 1980er Jahre eigene Ausstellungen zu organisieren und nutzte dafür ebenfalls die Studiogalerie. Ein für Außenstehende einigermaßen verwirrendes Arrangement, denn oftmals war es nicht klar ersichtlich, wer für die jeweilige Ausstellung verantwortlich zeichnete.

Seit 2005 ist der Kunstverein Leverkusen alleiniger Hausherr dieser Räumlichkeiten in den ehemaligen Stallungen, seit dieser Zeit bildet das Ausstellungsprogramm einen wichtigen Schwerpunkt, auch in unserem Selbstverständnis. Denn wir sehen den Kunstverein mehr und mehr als Ort der Begegnung und des Austauschs zwischen Besuchenden und Ausstellenden, zwischen der Stadtgemeinschaft und den eingeladenen Künstler*innen über die Kunst, über ihre Bedeutung als freier, möglichst keinen Zwängen unterworfener Denk-Raum. Diesen benötigen wir heute mehr denn je.

Im November 2022 folgt nun die Vorstellung aktueller Arbeiten von Sven Drühl, seiner Landschaftsbilder im Zusammenspiel erstmals mit einzelnen Bronzeskulturen. Wenngleich frühere Arbeiten hier fehlen, die sein Werk bestimmende Vorgehensweise und Thematik wirken vertraut. Denn Sven Drühl nutzt seit Langem für seine Kunstwerke immer wieder den reichen Fundus seines Bildarchivs aus Gemälden, Zeichnungen, Fotografien und grafischen Arbeiten aus allen Epochen, aus japanischen Holzschnitten der 1930er Jahre, aus Werken zeitgenössischer Künstler, aus Teppichmustern und anderen Quellen. Einzelne Bildfragmente aus diesem „Rohmaterial" werden von ihm aus dem räumlichen wie zeitlichen Kontext der Vorlagen herausgelöst und zu immer neuen Konstellationen variiert und montiert.

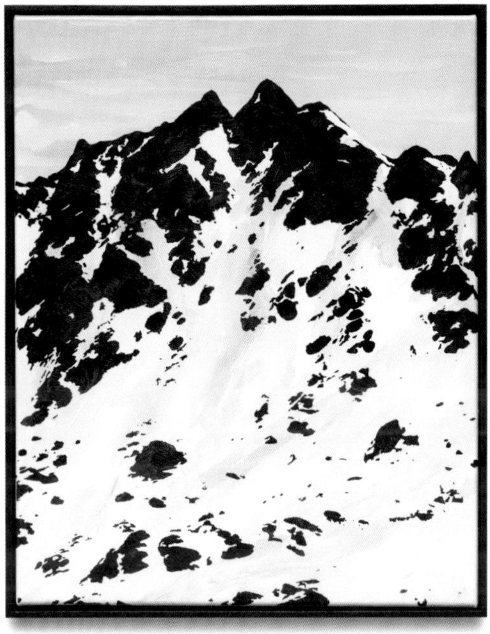

S.D.C.G.T. (Oil), 2021
Öl und Lack auf Leinwand
56 × 45 cm
Privatsammlung Berlin

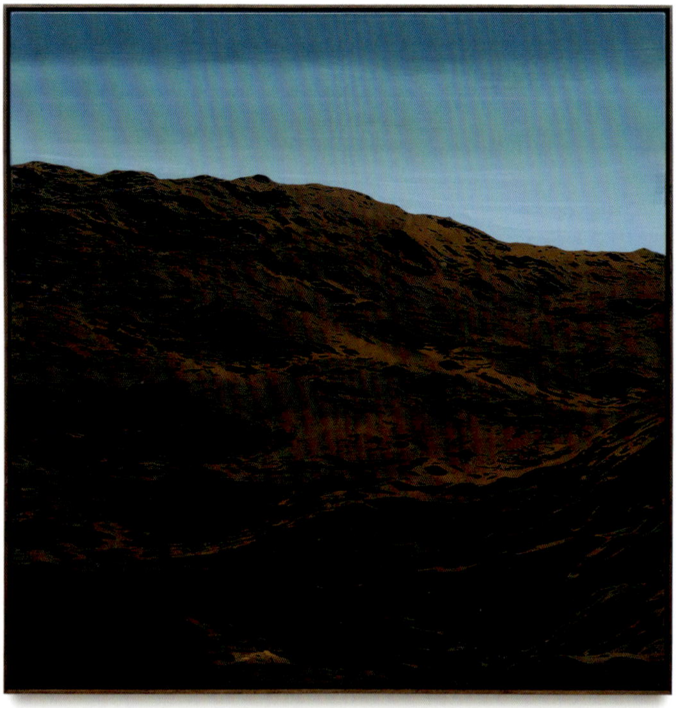

S.D.G.M. IV, 2017/2022
Lack auf Leinwand
110 × 110 cm

Seit etwa 2014 bezieht sich Sven Drühl in seinen Lackbildern allerdings hauptsächlich auf Vektordateien, wie sie in Computerspielen genutzt werden, mithin auf bereits aus Tausenden von Fotos virtuell generierte Landschaftskonstruktionen. Er rekurriert also nicht mehr auf malerische Interpretationen einer realen Landschaft eines Caspar David Friedrich oder Ferdinand Hodler, sondern bereits auf eine Behauptung, eine Idee. Wie in den meisten dieser künstlichen, Realität bis zur Ununterscheidbarkeit vorgaukelnden Welten des Virtuellen fehlt auch in den Arbeiten von Sven Drühl ein entscheidendes, mit dem Genre der Landschaftsmalerei seit Jahrhunderten verbundenes Element – das der Verklärung und der Romantisierung. Durch die spezielle Technik aus Öl und Lack unterstreicht er sogar bewusst diesen Moment des äußerst Kalten und unwirklich Glatten seiner Gebirgszüge und Wasserflächen und spricht bezeichnenderweise auch von einer „konzeptuellen Malerei aus dem freezer". Gleichwohl sind wir versucht, diese offenkundigen Fiktionen von Landschaft abzugleichen mit der uns bekannten Realität, sie in ihr zu verankern, als könnten wir sie nur so lesen, nur so uns in ihr bewegen, sie zum Leben erwecken.

Ergänzt werden diese Gemälde aus den letzten sechs Jahren erstmals um drei detailgetreue, dunkelbraun gebrannte und grünstichig patinierte Bronzeskulpturen von Bergmassiven aus der Serie „Eroded". Auch sie basieren auf

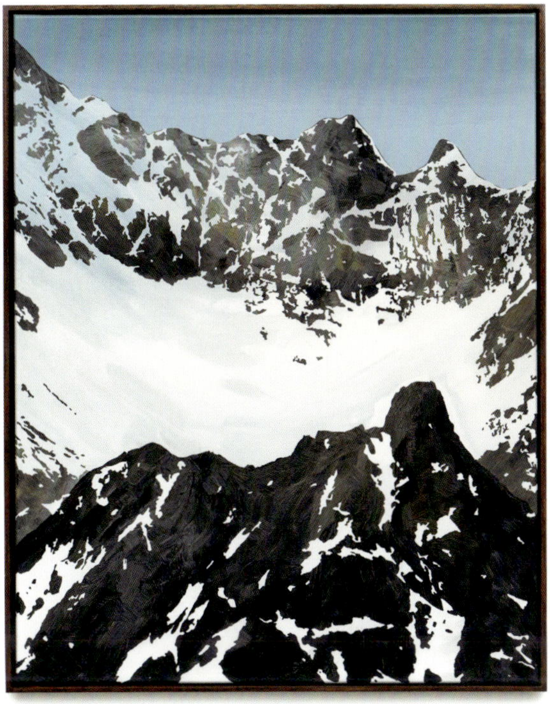

S.D.C.G.T. II (Oil), 2020
Öl und Lack auf Leinwand
100 × 80 cm

Daten von Gebirgsformationen, auch sie sind formgewordenes Konzept, nicht bloßes Ab-Bild von etwas real Existierendem. Stark mit Hammer, Meißel und Fräse bearbeitet, erscheinen sie, wie der Titel schon sagt, erodiert, abgetragen, zerstört, auf immer bewahrt in diesem Zustand durch das Ewigkeit suggerierende Material der Bronze.

So muten die Berg-Arbeiten von Sven Drühl an wie Ankerpunkte für die Erinnerung an etwas zukünftig vermutlich längst Vergangenes. An etwas, das sich vielleicht irgendwann einmal allein aus dem Fundus fotografischer und künstlerischer Quellen rekonstruieren lassen wird.

Dass Gerhard Finckh, ehemaliger Direktor des Museums Morsbroich, den einleitenden Text zu dieser Ausstellung geschrieben hat, freut uns sehr.

„Denn", wie Sven Drühl in einem Gespräch formulierte, „ohne Morsbroich gäbe es mich als Künstler wahrscheinlich nicht in dem Maße, wie es heute der Fall ist. Wer weiß, was passiert wäre, wenn Gerhard Finckh mir damals in 2002 nicht diese tolle Möglichkeit einer Einzelausstellung gegeben hätte … diese Ausstellung war sozusagen meine Initiation in der Kunstwelt".

Susanne Wedewer-Pampus
Kunstverein Leverkusen
Schloss Morsbroich e.V.,
November 2022

Sven Drühl

Die Aufregung I – 2002

The Excitement

Museum Morsbroich, Leverkusen
15. Januar – 10. März 2002

Museum am Ostwall, Dortmund
7. Juni – 21. Juli 2002

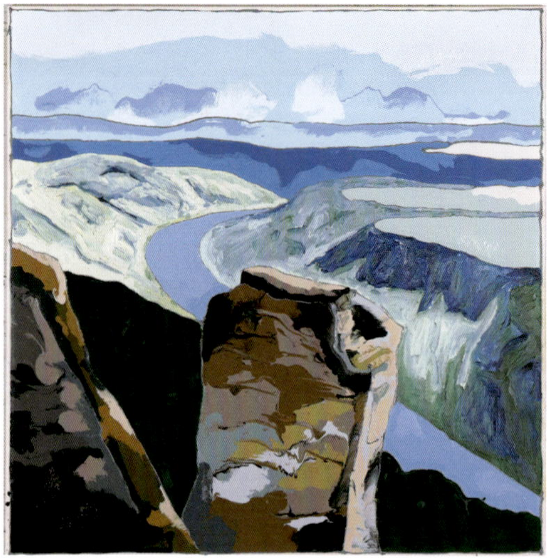

E.H., 2001
Öl, Lack und Silikon auf Leinwand
150 × 150 cm
Privatsammlung Wiesbaden

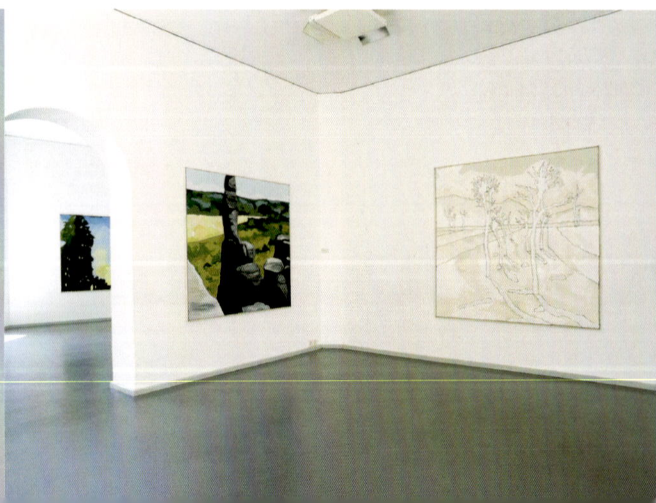

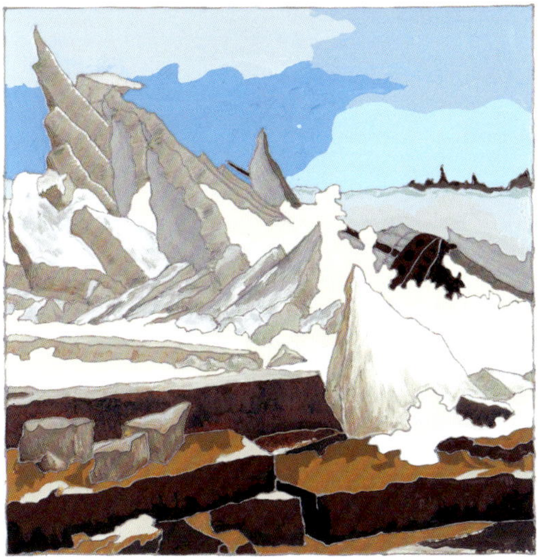

C.D.F., 2001
Öl, Lack und Silikon auf Leinwand
150 × 150 cm
Privatsammlung Kamen

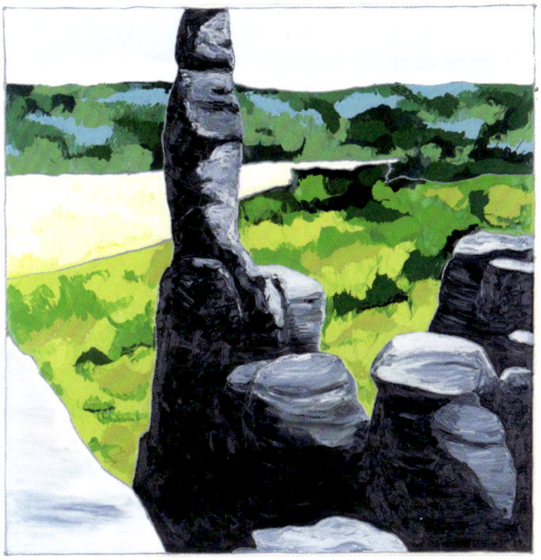

E.H., 2001
Öl, Lack und Silikon auf Leinwand
150 × 150 cm

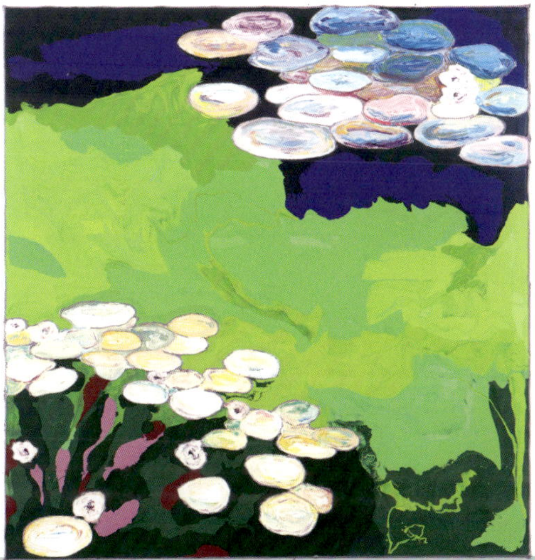

C.M., 2001
Öl, Lack und Silikon auf Leinwand
150 × 150 cm
Privatsammlung Kamen

Installationsansicht Museum am Ostwall, Dortmund, 2002

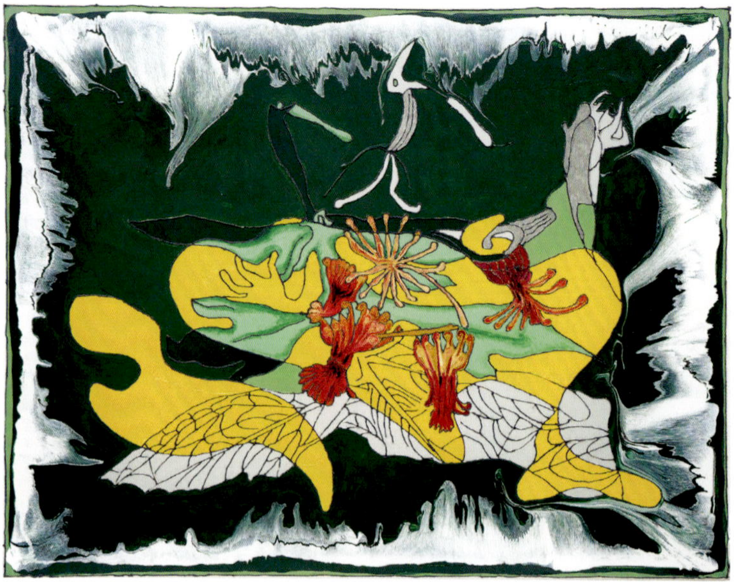

M.E., 2001
Öl, Lack und Silikon auf Leinwand
200 × 260 cm

Installationsansicht Museum am Ostwall,
Dortmund, 2002

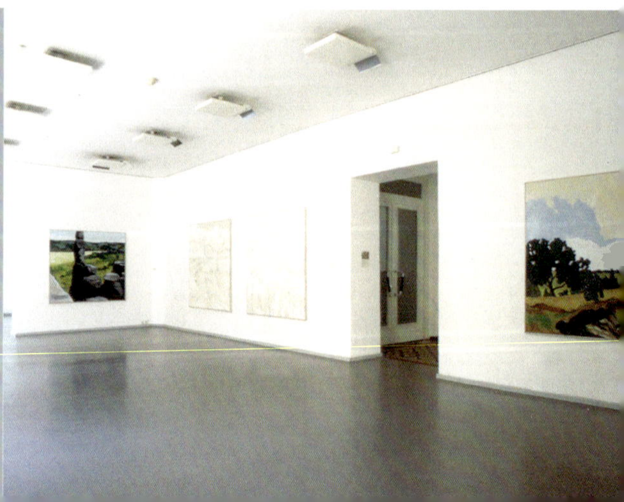

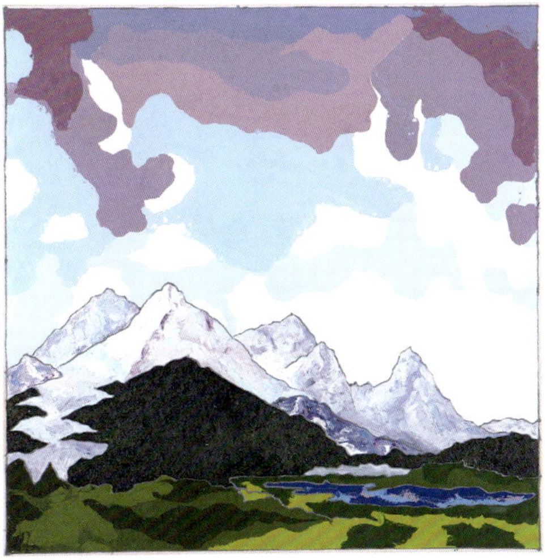

F.B., 2002
Öl, Lack und Silikon auf Leinwand
150 × 150 cm
Sammlung Novartis, Basel

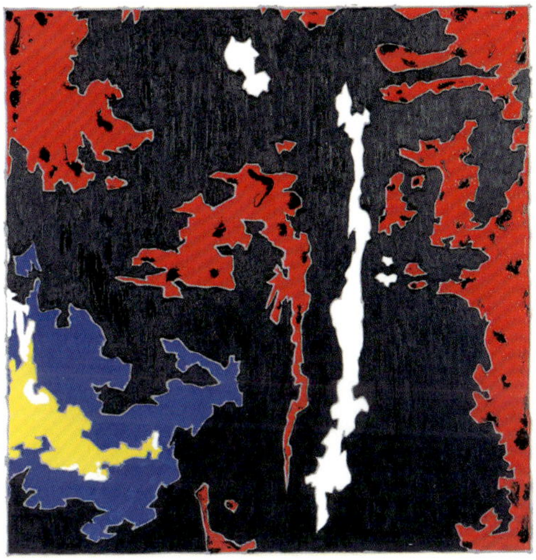

C.S., 2001
Öl, Lack und Silikon auf Leinwand
150 × 150 cm
Sammlung Museum Morsbroich, Leverkusen

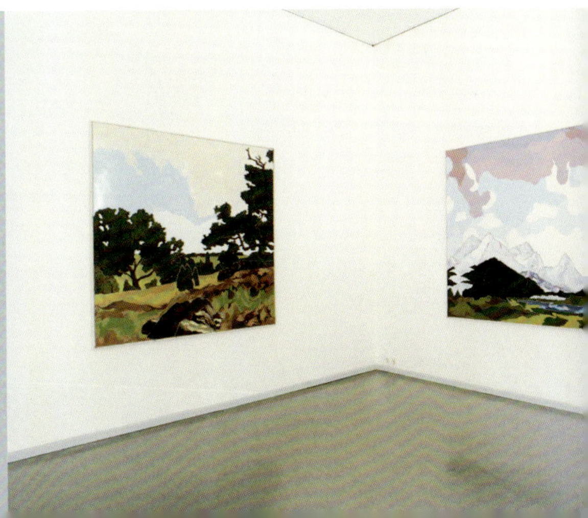

THE IDEA BEHIND THIS EXHIBITION

Susanne Wedewer-Pampus

Exactly 20 years ago, Sven Drühl's first solo exhibition took place here in the rooms of Kunstverein Leverkusen. At that time, it was as an exhibition by the Museum Morsbroich, for which these rooms in the outbuildings of the palace complex served as a "studio gallery", as a place for the presentation of younger, not yet established positions.

Kunstverein Leverkusen, founded in 1954, began organising its own exhibitions at the end of the 1980s and also used the studio gallery for this purpose. It was a slightly confusing arrangement for outsiders, since often it was not fully clear who was responsible for each exhibition.

Since 2005, Kunstverein Leverkusen has been the sole occupant of these premises in the former stables; the exhibition programme here has been an important focus for us in the meantime, also in terms of our self-image. More and more, we are seeing the Kunstverein as a place of encounter and exchange about art – between visitors and exhibitors, between the urban community and the artists invited here – and about art's significance as a free space for thought, subject to as few constraints as possible. Today, we need this more than ever.

In November 2022, Sven Drühl will be presenting his more recent works only, landscape paintings, in combination with individual sculptures for the first time. Although earlier works are not being shown, the approach and subject matter defining his work appear familiar. For a long time, to create his own images Sven Drühl has been using the rich store of his picture archive, consisting of paintings, drawings, photographs and graphic works from all epochs, Japanese woodcuts from the 1930s, works by contemporary artists, carpet patterns and other sources from the internet. Individual image fragments from this "raw material" are detached from the spatial and temporal context of the originals and varied and re-assembled into ever new constellations.

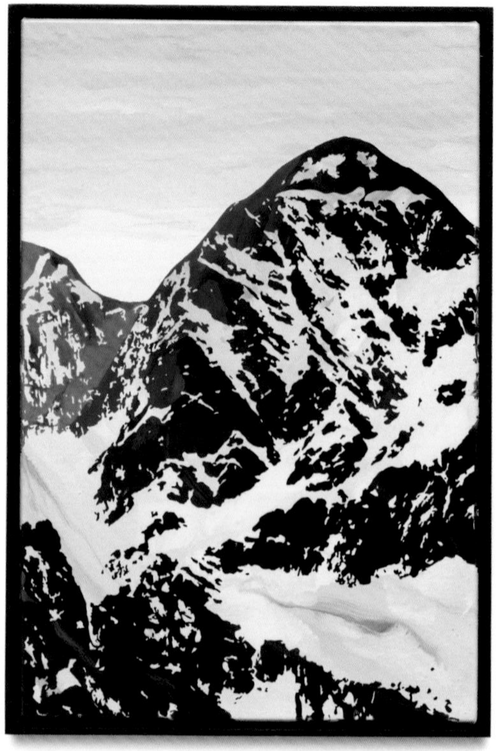

S.D.C.G.T. xs, 2022
Lack auf Leinwand
60 × 40 cm

Since around 2014, however, Sven Drühl has been referring in his lacquer paintings mainly to vector files of the kind used in computer games, i.e., to landscape constructions already virtually generated from thousands of photos. So, he no longer refers to painterly interpretations of a real landscape by Caspar David Friedrich or Ferdinand Hodler, for instance, but instead to what is already an assertion, an idea. As in most of these artificial virtual worlds that feign reality to the point of indistinguishability, Drühl's works lack a crucial element that has been associated with the genre of landscape painting for centuries – that of transfiguration and romanticisation. Through the special technique of oil and lacquer, he even consciously emphasises this feature – the extremely cold, unreal smoothness of his mountain ranges and water surfaces – and characteristically also speaks of "conceptual painting from the freezer". Nevertheless, we are tempted to compare these obvious fictions of landscape with the reality we know, to anchor them in it, as if that were the only way we could read them, the only way we could move in them, bring them to life.

For the very first time, these paintings from the last six years are complemented by three detailed bronze sculptures of mountain massifs from the "Eroded" series, fired in dark brown with a greenish patina. They, too, are based on data of mountain formations; they, too, are a concept that has taken shape, rather than merely a copy of something that actually exists. Heavily worked with hammer, chisel and moulding cutter, as the title suggests they appear eroded, worn away, damaged, preserved forever in this state by the bronze material, which suggests eternity.

Sven Drühl's mountain works thus seem like anchorage points for a memory of something in the future that will presumably be long gone. Something that will perhaps, one day, be reconstructed from the store of photographic and artistic sources alone.

We are delighted that Gerhard Finckh, former director of the Museum Morsbroich, has written the introductory text for this exhibition.

"Because", as Sven Drühl remarked in conversation, "without Morsbroich, I probably wouldn't exist as an artist to the extent that I do today. Who knows what would have happened if Gerhard Finckh hadn't given me that great opportunity for a solo exhibition back in 2002… that exhibition was my initiation into the art world, so to speak."

Susanne Wedewer-Pampus
Kunstverein Leverkusen
Schloss Morsbroich e.V., November 2022

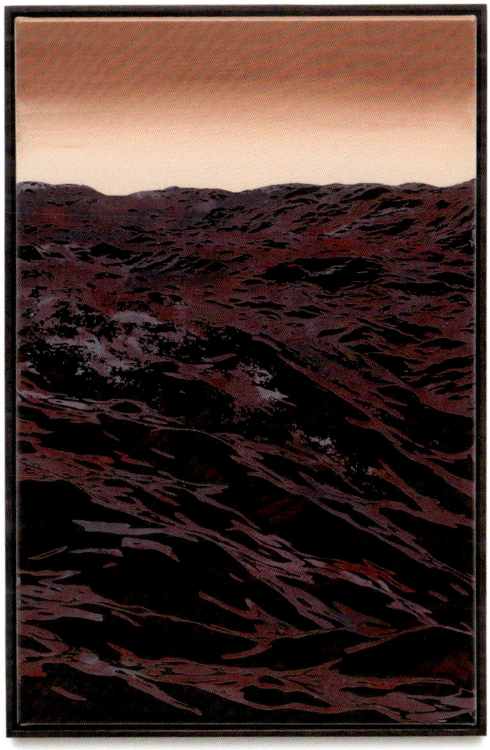

S.D.G.M. xs II, 2022,
Lack auf Leinwand
60 × 40 cm

S.D.E.T., 2019
Lack auf Leinwand
270 × 200 cm

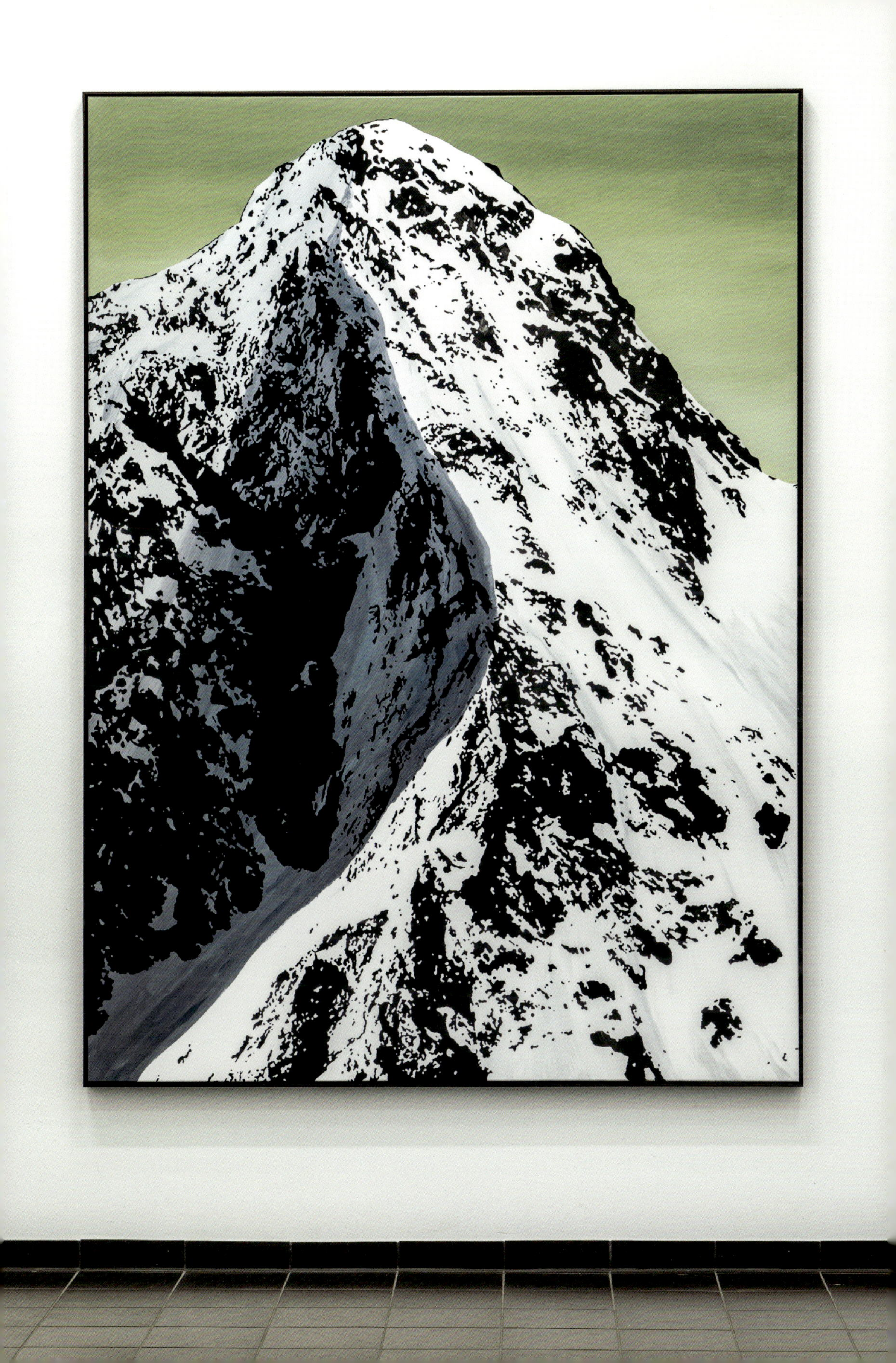

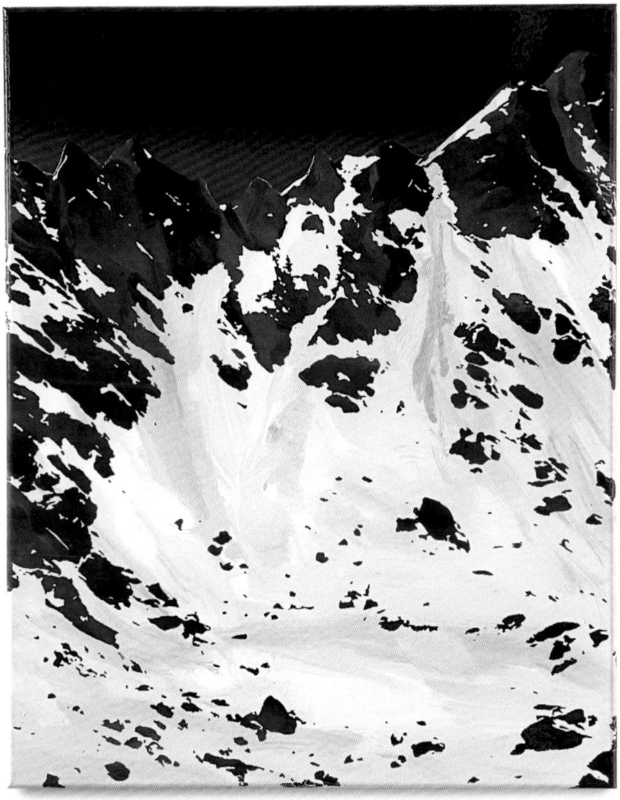

S.D.C.G.T. (Mirror) xs, 2021
Lack auf Leinwand
50 × 40 cm
Privatsammlung Berlin

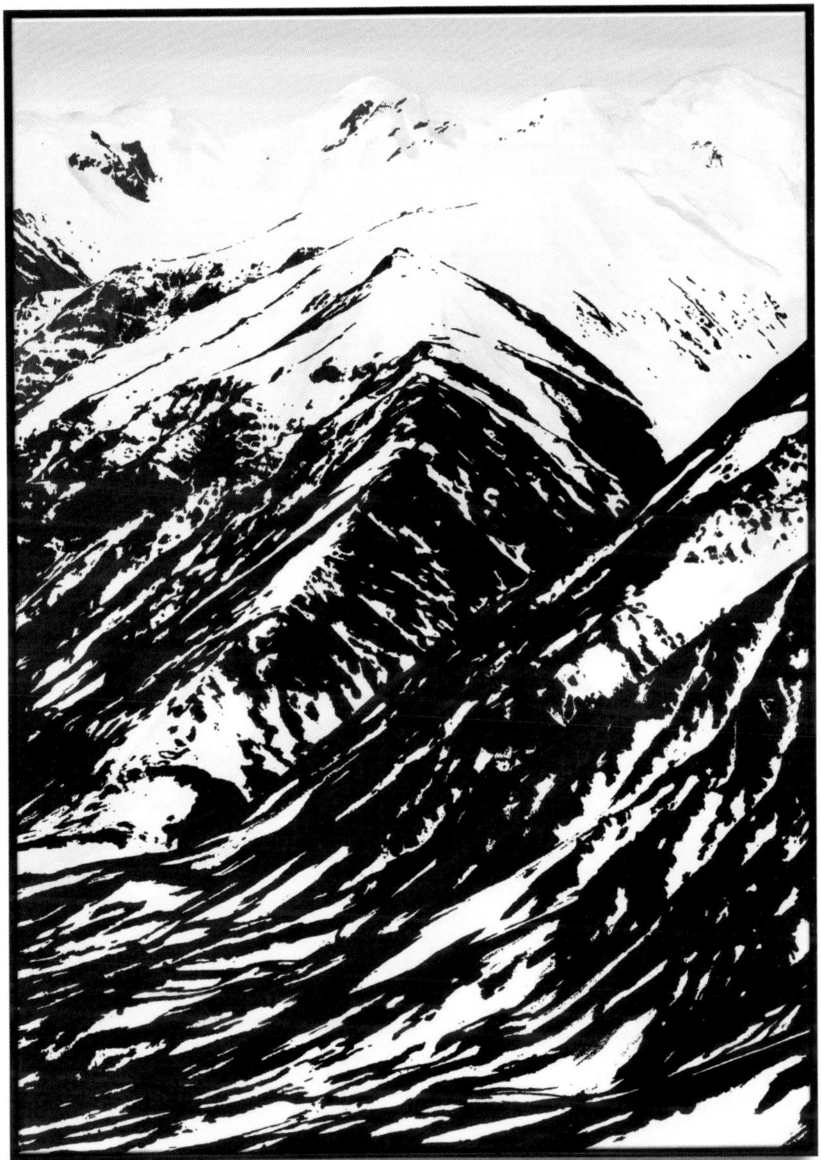

S.D.S.S. (Oil), 2021
Öl und Lack auf Leinwand
140 × 100 cm

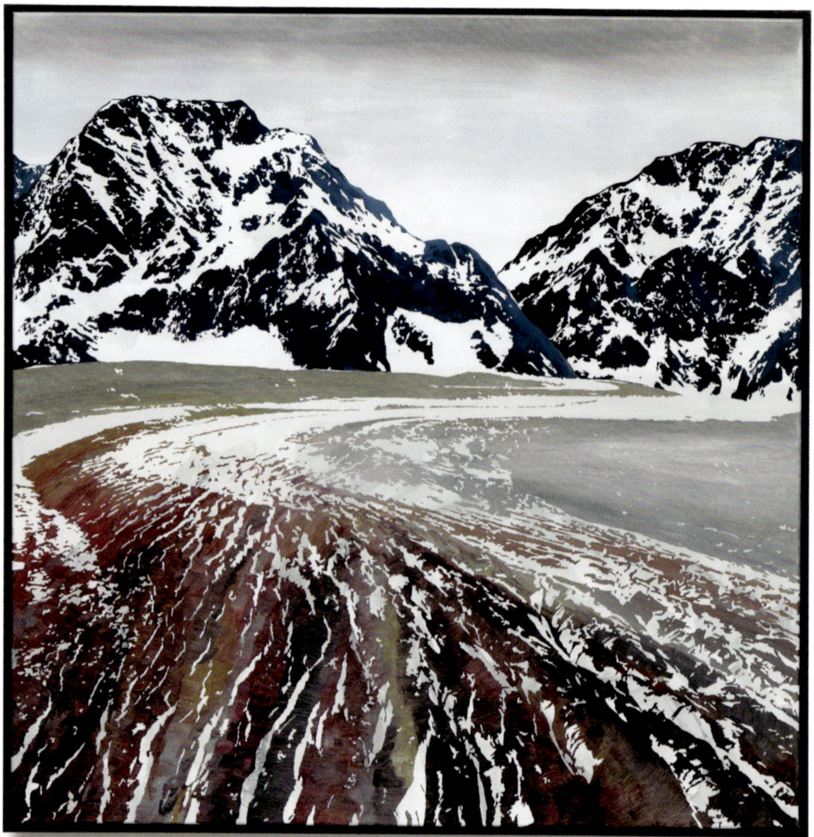

S.D.S.S.C.G.T., 2021
Öl und Lack auf Leinwand
110 × 110 cm
Privatsammlung Schweiz

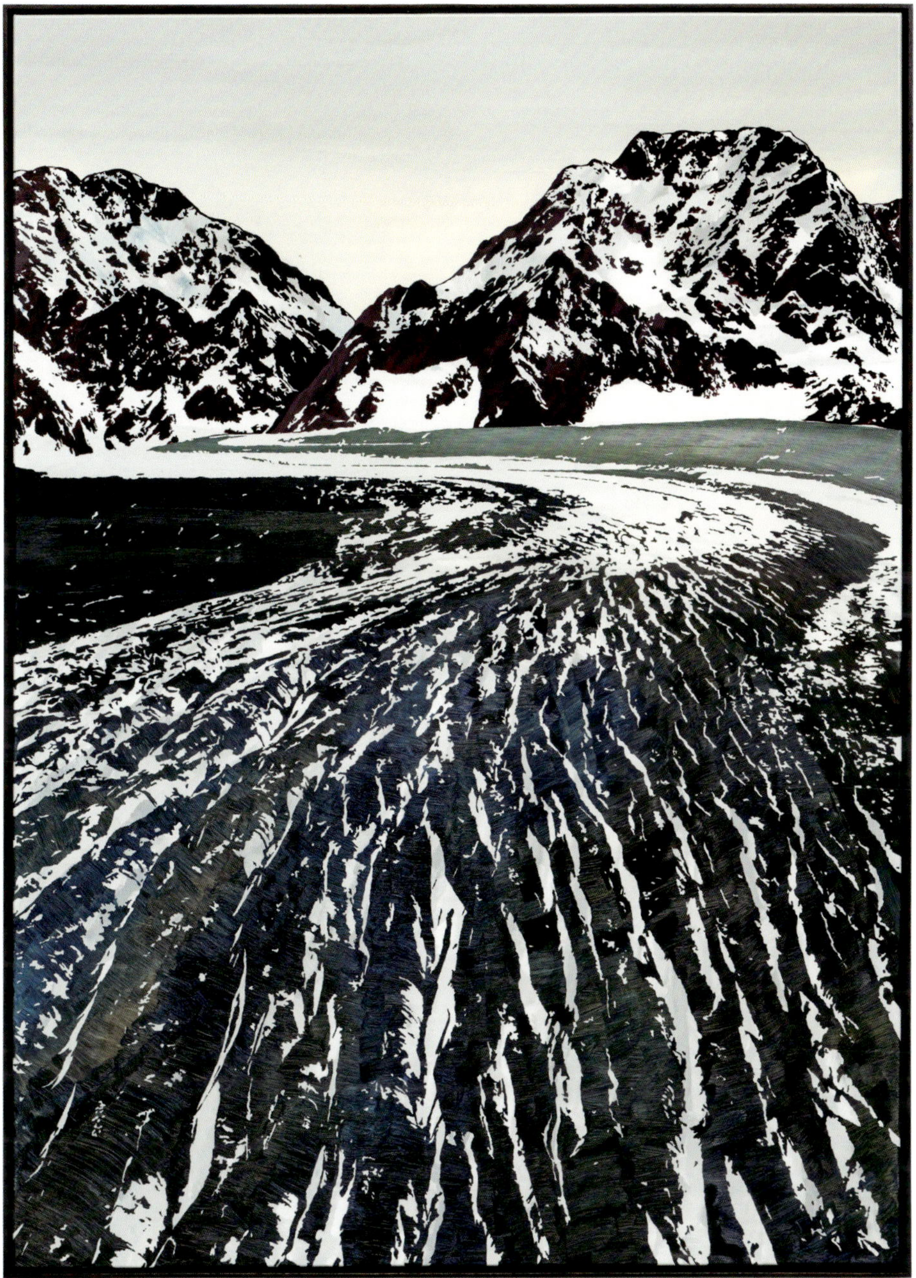

S.D.S.S.C.G.T. (Mirror), 2021
Öl und Lack auf Leinwand,
180 × 130 cm
Privatsammlung Berlin

SVEN DRÜHL – EINE AUFREGUNG, DIE ZWEITE!

Gerhard Finckh

20 Jahre sind vergangen, seit Sven Drühl im Frühjahr 2002 seine Werke in einer Einzelausstellung mit dem zunächst befremdlichen Titel „Die Aufregung – The Excitement" im Museum Morsbroich Leverkusen zeigte.

Aufregend, „exciting", war die Ausstellung, weil mit Drühl damals ein Künstler gerade erst die Bühne betreten hatte, der mit äußerst vielseitigen Fähigkeiten begabt eine Lanze brach für die Malerei: Farbigkeit als Prinzip und die Verwendung von Farbe in unterschiedlichsten Formen und Formationen schienen das Credo dieses jungen Künstlers zu sein, der über sein Können als Maler-Handwerker hinaus auch als brillanter Analyst, Theoretiker und Essayist in verschiedenen Fachpublikationen erschien und sein umfangreiches Wissen im Rahmen von Lehraufträgen an den Universitäten in Essen und Frankfurt an die nächste Generation vermittelte. Das war um die Jahrtausendwende umso aufregender, als eine Fraktion der Künstler*innen, der Kunstwissenschaftler*innen, der Museumsleute, der Essayist*innen, der Publizist*innen, der Galerist*innen, also kurz: ein wesentlicher Teil des sogenannten Kunstbetriebes gerade eben lautstark eine einschneidende Krise, wenn nicht gar das Ende oder den Tod der Malerei verkündet hatte.

Johannes Meinhardt hatte diese Grabesstimmung im Hinblick auf die Endlichkeit der Malerei am Ende des Jahrtausends in der Zeitschrift „Kunstforum" auf den Nenner gebracht: „Seit Beginn der Moderne in der Kunst – egal, wann man diesen Beginn genau setzt – ist das Sprechen vom Ende der Malerei nicht mehr verstummt; es begleitet die Geschichte der modernen Malerei wie ein Generalbaß, der zeitweilig stärker hörbar ist, zeitweilig fast zu verhallen scheint …"[1]

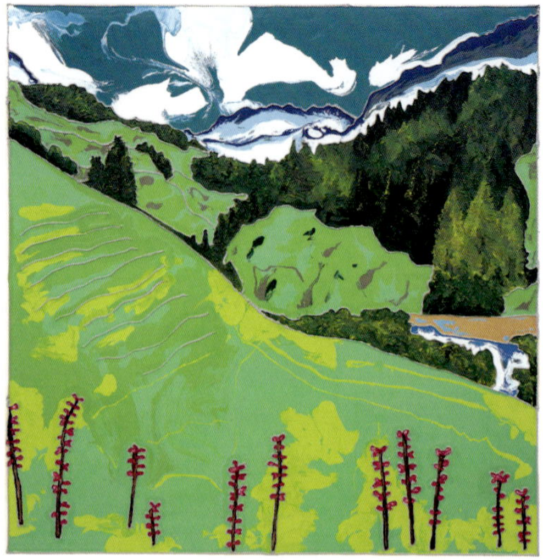

F.H. II, 2001
Öl, Lack und Silikon auf Leinwand
150 × 150 cm
Privatsammlung Chicago, USA

Zahlreiche Ausstellungen kreisten in den späten 1990er Jahren um die Beschreibung dieser „Krise" der Malerei, die die Kurator*innen vor allem durch das Erstarken der Fotografie, von Installation, Performance, Body Art, die „Neuen Medien" und eine gewisse „Entmaterialisierung sowie eine allgemeine Aufhebung aller Gattungsgrenzen" hervorgerufen sahen.[2]

In dieser Situation war das Auftreten eines jungen Künstlers wie Sven Drühl, der, scheinbar unbeeindruckt von der ringsum aufbrandenden Diskussion um die Endlichkeit von Malerei, gerade dieses Metier in ganz unterschiedliche Richtungen hin auslotete, es auf neue Möglichkeiten, auf eine neue Begründung seiner Daseinsberechtigung hin untersuchte, interessant, spannend und eben: aufregend.

Sven Drühl experimentierte damals und ermittelte geradewegs wie ein Kriminalkommissar „in alle Richtungen". Bei einem Atelierbesuch gab es die Serie der „Flugzeuge", farbige Sperrholzflächen (ironisierte „shaped canvases"), aus welchen „Tim" (der Protagonist der Comics „Tim und Struppi") Blumen abwarf. Es gab die streng geometrischen „Testbilder", die in ihren Farbvariationen die nächtlichen, nach Sendeschluss ausgestrahlten Bilder des Farbfernsehens nachempfanden, es gab „Teppichbilder" und runde, sich drehende Farbscheiben aus Mosaik, die wie überdimensionale Blüten auf dem Boden des Ausstellungsraumes verteilt waren. Vor allem aber waren da die Öl- und Lackbilder auf Leinwand, deren Titel aus einem Monogramm und der Jahreszahl ihrer Entstehung bestanden. F.H. (2001), C.D.F. (2001), E.L.K. (2001), C.M. (2001) lauteten die Titel, die den den Betrachtenden Rätsel aufgaben. Welche Künstler verbargen sich hinter diesen Titeln? Ferdinand Hodler, Caspar David Friedrich, Ernst Ludwig Kirchner und Claude Monet waren relativ leicht zu erkennen, schwieriger wurde es bei Künstlern wie Eugen Bracht, Clyfford Still oder Eberhard Havekost. Wem die Abkürzungen nicht ausreichten, der konnte diese Vorbilder anhand ihrer Sujets entschlüsseln: Caspar David Friedrichs „Eismeer", ein „Tanzendes Paar" von Ernst Ludwig Kirchner oder Claude Monets „Seerosen" gaben sich auf den ersten Blick zu erkennen und provozierten die Frage: Warum malt Sven Drühl diese weltberühmten Gemälde noch einmal und warum ausgerechnet auf diese „abgefahrene" (ein Standardausdruck um 2000) Weise?

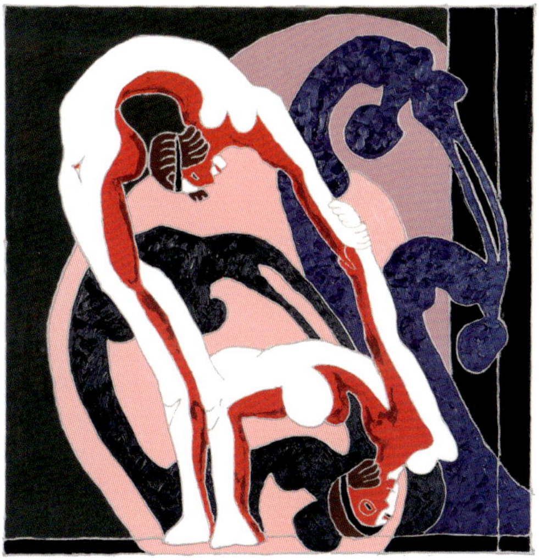

E.L.K., 2001
Öl, Lack und Silikon auf Leinwand
150 × 150 cm, zerstört

Manche Kritiker*innen glaubten, vermutlich aufgrund ihrer schlechten Erfahrungen in Redaktionskonferenzen, vorschnell behaupten zu dürfen: „Na, wenn alles gesagt ist, dann gibt es doch immer noch einen, der dasselbe mit anderen Worten nochmal sagt!" Aber sie irrten – gründlich. Denn Sven Drühl wiederholte in seinen neuen Gemälden nichts. Seine neuen Werke basierten auf bekannten Sujets, aber welche Bedeutung hatte seit dem Impressionismus oder gar seit der „Erfindung der Abstraktion" das Sujet schon noch? Auf das Sujet kam es in der Malerei seit dem Beginn des 20. Jahrhunderts doch kaum noch an. Das Sujet war längst zum bloßen Vorwand geworden, um eine neue, andere Sicht auf die Farbe, die Kunst und die Welt vorzustellen. In Sven Drühls neuen

Gemälden ging es deshalb letztlich nicht mehr um Caspar David Friedrich oder Claude Monet, um Eisschollen oder Seerosen, es ging darum, neue Fragen an die Welt zu stellen, neue Inhalte, neue Aussagen in neuen Formen zu propagieren. So wie Caspar David Friedrich wohl nie in seinem Leben arktischen Eisschollen begegnet war und so wie Claude Monet sich zu keinem Zeitpunkt für die einzelnen Blüten seiner Seerosen interessiert hatte, sondern die bedeutenden Künstler*innen immer nur das große Ganze, eine Idee oder ihre Sichtweise auf die Welt beim Hervorbringen von Kunstwerken im Sinn hatten, so ging es Sven Drühl nicht einfach nur um „Appropriation Art" oder um eine Verbeugung vor den außergewöhnlichen Altvorderen, sondern um das Hervorbringen einer ganz und gar eigenen Handschrift, in der er seine persönliche Sicht auf Geschichte und Gegenwart, Zeit und Raum zum Ausdruck bringen konnte. Es war ein Akt der kontradiktorischen Filiation, an dem das staunende Publikum vor diesen Bildern teilhaben konnte; denn von da aus führte Sven Drühl seine Malerei in gänzlich andere Sphären.

Neu und aufregend war an Sven Drühls sich herausbildender eigener malerischer Handschrift der Umgang mit den Teilflächen seiner Gemälde. Hatte Caspar David Friedrich die einzelnen Eisschollen in seinem Bild „Eismeer" (um 1823/24) farblich ausdifferenziert, separierte Drühl die Flächen mithilfe von deutlich erhabenen Linien aus Silikon, die wie die Wege zwischen Reisfeldern die einzelnen Partien voneinander trennen. Die so entstandenen Felder flutete Drühl mit verschiedenfarbigen Lacken und Ölfarben, wobei ein spannendes Wechselspiel zwischen der perfekt glatten Oberfläche der Lacklachen und den deutlich vom Pinselduktus strukturierten Ölfeldern entstand. Technisch gesehen hatte diese Methode eine gewisse Ähnlichkeit mit der Herstellung von Cloisonné-Email-Flächen[3], aus kunsttheoretischer und -historischer Sicht mag man sie mit der Kunst der Nabis vergleichen, die – in einer Gegenreaktion auf Impressionismus und Pointillismus – seit den 1890er Jahren ihre Farbfelder mit schwarzen oder dunkelblauen Linien umrandeten und so voneinander separierten.

Die verschiedenen Farben gewannen durch ihre Separierung von anderen Farbflächen und durch ihre innere Vereinheitlichung enorm an Leuchtkraft und bildeten damit ein ausgeklügeltes, ausbalanciertes und perfektes Gegengewicht zum deutlich wahrnehmbaren Lineament aus Silikon. Der Gegensatz von glatten Lackflächen und absichtsvoll, zum Teil sogar grob strukturierten Flächen aus Ölmalerei verhalf den (altbekannten) Motiven zu einer neuen Dynamisierung. Das so viel gesehene und häufig reproduzierte „Eismeer" von Caspar David Friedrich zum Beispiel wirkte durch die analytische Aufspaltung in seine einzelnen Farbebenen und durch eine Verschiebung des Hauptmotivs in der Bildfläche weniger tiefenräumlich, weniger „unbetretbar", stattdessen direkter, und wurde in seiner komplexen Struktur fassbarer. Zugegeben, Caspar David Friedrichs Mystizismus verblasste in dieser neuen Fassung; an seine Stelle trat eine neue Nahbarkeit in Kraft, die Aufforderung an die Betrachter*innen zur Teilhabe, zur neuen, individuellen, analysierenden Beschäftigung mit dieser schon „ikonischen" Darstellung aus dem frühen 19. Jahrhundert.

Aber dieser Vergleich, der sich auch für andere Werke dieser Serie anstellen ließe, soll hier nicht weiter ausgeführt werden; denn unmittelbar auf diese Lack- und Ölbilder der Jahrtausendwende erfolgte Drühls nächster radikaler Schritt: die Befreiung von der klassischen Farbgebung.

Hatten Künstler wie Gerhard Richter[4] oder James Howell[5], um nur zwei zu nennen, zu unterschiedlichen Zeiten für sich die Farbe Grau entdeckt, in der alle anderen Farben des uns bekannten Spektrums aufgehen, wandte sich

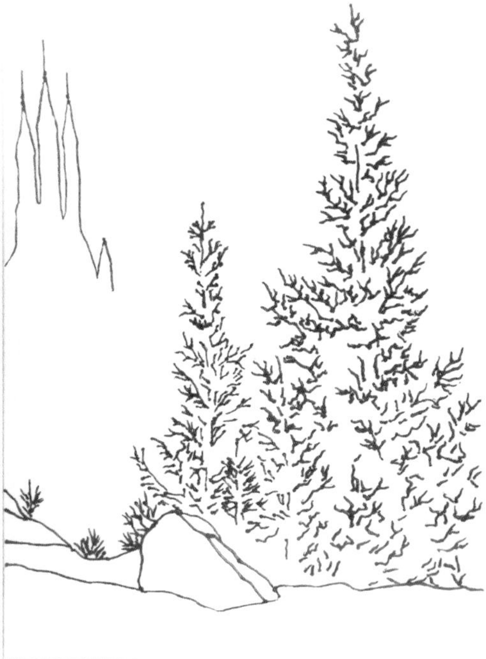

C.D.F. (Bastard), 2003
Silikon und Lack auf Leinwand
140 × 100 cm
Privatsammlung Berlin

Drühl von dieser Konzentration auf die „Mitte" ab und den Extrempolen der Farbigkeit zu: dem hellsten Licht in der Farbe Weiß und der dunkelsten Nacht in der Farbe Schwarz. Während andere weiterhin vom Tod der Malerei fabulierten, balancierte Sven Drühl mit seinen neuen Werkserien in den folgenden Jahren elegant und trittsicher an diesem schmalen Grat entlang, der zwischen der Farbe Weiß und der nicht mehr malbaren Helligkeit sowie der Farbe Schwarz und unmalbarer Finsternis verläuft. Viele Künstler*innen vor ihm hatten sich bereits in diese extremen Gegenden vorgewagt, die Künstler*innen der ZERO-Gruppe etwa oder konzeptuell vorgehende Maler wie Kasimir Malewitsch, Ad Reinhardt oder Pierre Soulages, aber Sven Drühl wagte es, vermutlich als erster, an diesen Extrempolen figurativ zu arbeiten. Die Figur, das Sujet, das bei anderen Künstler*innen in ihrer waghalsigen Beschäftigung mit den Grenzregionen der Malerei keine Rolle mehr spielen konnte und durfte, ist bei Sven Drühl nicht wegzudenken. Figurative Malerei ganz in Weiß oder ganz im Schwarzen, das war das Neue, das Sven Drühl zu Beginn des neuen Jahrtausends in die Kunst einbrachte.

Sein Weg dahin war insofern bemerkenswert, als Drühl die Buntfarbigkeit nicht von einem Tag zum nächsten in einer spontanen Aktion einfach aufgab, sondern diesen Rückzug Schritt für Schritt vollzog und geradezu „wissenschaftlich" dokumentierte. Als Beispiel dafür sei das Bild F.H. (2003) genannt, in welchem Drühl einen Gebirgsbach des Schweizer Malers Ferdinand Hodler in seiner neuen Methode der Öl- und Lackbilder in Blau-, Grün-, Braun- und Weiß-Tönen paraphrasierte. Dazu gesellte Drühl im gleichen Jahr dasselbe Motiv in etwas verknappter Form, nun aber reduziert auf Weiß und wenige graue Farbflächen sowie einen gelblichen Lichtschein. Dieses zweite Werk nannte er F.H. (Bastard) (2003). Es ließen sich ähnliche „Zwillingsbilder" aufzählen, in welchen Drühl akribisch untersuchte, welche Rolle die Farbe in seinen Öl- und Lack-Gemälden spielte und wie notwendig Buntfarbigkeit für Malerei überhaupt sei. Am Ende dieser Versuchsanordnungsreihe stand die Erkenntnis, dass für eine Evokation des „Eismeeres" nach Caspar David Friedrich ein paar Silikonlinien auf weißem Grund ausreichend seien, weil das Wesentliche an solchermaßen aufgetürmten Eisschollen weniger in deren individueller Farbigkeit, abhängig von der jeweiligen Sonneneinstrahlung, zu suchen sei, sondern dass die erbarmungslose Hoffnungslosigkeit einer Eiswüste vielmehr in deren endlosem, buchstäblich nicht mehr anschaubarem, gleißendem Weiß besteht. Dieses blendende Weiß, über dessen Schmerzen verursachende

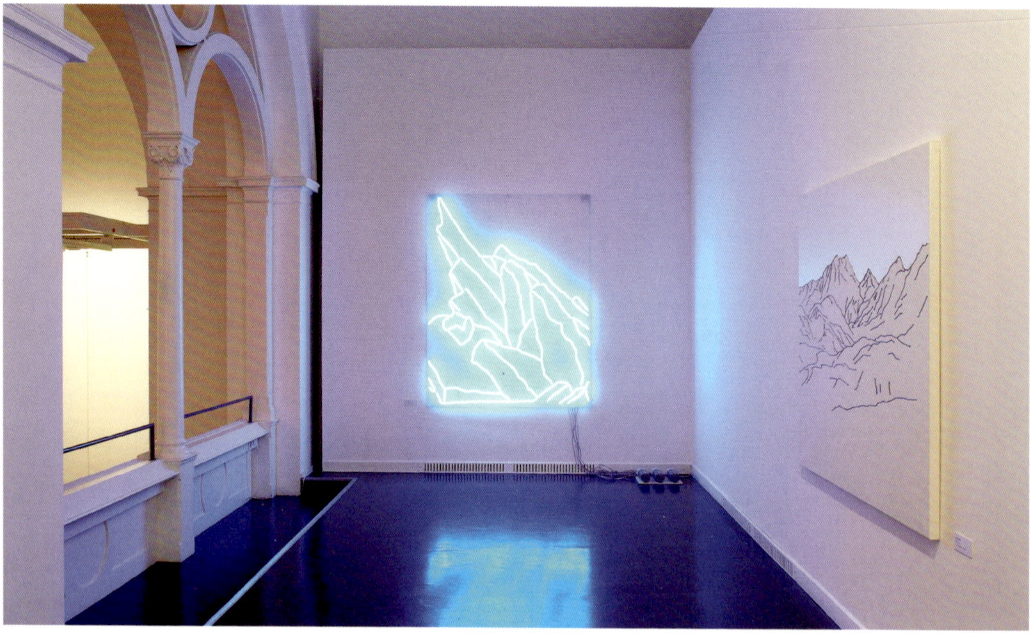

C.D.F. (Neon), 2003
Neonröhren auf Plexiglaskasten
200 × 160 × 15 cm
Privatsammlung Wuppertal

Wirkung Polarforscher*innen geklagt haben, dieses Weiß, das heller ist als das Weiß, dem wir alltäglich begegnen, lässt sich aber nun mit den traditionellen Mitteln in der klassischen Malerei nicht überzeugend herstellen, dafür bedarf es vielmehr einer anderen Lichtquelle als des Sonnenlichts. Drühl gab deshalb die Silikonlinien auf und fand diese andere Lichtquelle in dünnen biegbaren Neonröhren, die in seinem Werk C.D.F. (Neon) (2003) die Silikonumrisslinien seiner anderen Gemälde ersetzen und damit eine Strahlkraft erzeugen, die der gleißenden Lichts über Schnee und Eis nahekommt. Das blendende reinweiße Gegenlicht der Neonröhren zeichnet in diesem Werk, das „Gemälde" zu nennen nicht unproblematisch erscheinen mag, die Form der Eisschollen in der Weise nach, dass die Verbindung zu Caspar David Friedrichs Bild durchaus noch zu erahnen ist. In Anlehnung an Friedrich mag das Licht sogar auch noch als potenzieller Träger wie auch immer gearteter spiritueller Inhalte interpretiert werden, andererseits blendet das durch das Neonlicht befeuerte Weiß der Leinwand dermaßen, dass sich der Wahrnehmungsakzent für die Betrachter*innen zu einer Empfindung von Unbehaglichkeit oder sogar Schmerz verschiebt. Die weiße Hölle der Arktis wird ansatzweise für die Betrachter*innen zur eigenen körperlichen Erfahrung. Drühls Arbeit entfernt sich damit weit von den abstrakten Werken der Künstler*innen aus dem ZERO-Umkreis der 1960er Jahre, in welchen zwar ebenfalls bereits Neonröhren Verwendung gefunden hatten, aber aufgrund ihrer geometrisch abstrakten Formen die Betrachter*innen weitaus weniger affizierten oder gar bedrängten, als es Drühls figurativen Sujets möglich war. Mit dieser Koppelung von Figuration und absolutem Weiß gelang Drühl ein Schritt über die klassische Licht- und Weiß-Malerei hinaus. Er erweiterte damit das Repertoire der Malerei an einem ihrer extremen Pole.

Gleichzeitig mit der Auslotung des Weiß-Pols befasste sich Drühl aber auch mit der Erforschung des Schwarz-Feldes. Auf seinem Weg von der Buntfarbigkeit zur Monochromie hatte er zwar auch die graue Mitte, etwa in Werken wie C.D.F. (Bastard metallic) (2003) oder I.S. (Bastard metallic) (2003), gestreift, aber sein Hauptinteresse galt doch über mehrere Jahre hinweg den weißen und schwarzen Extrempositionen. Fast gleichzeitig entstanden so Kunstwerke an den Rändern der Malerei, die gegensätzlicher nicht sein könnten. Installierte Drühl 2005 mit S.B. (Neon) (2005) in der Nunnery Gallery in London noch eines seiner frappanten Neon-Gebirgsbilder, malte er 2006 dasselbe Motiv ganz in Schwarz: S.B. (Undead) (2006). Lässt sich dieses Motiv eines Gebirgsmassives nach einem Gemälde von Samuel Birmann in der Neon-Version aufgrund des gleißenden Gegenlichts kaum aushalten und fordert den Betrachter*innen einen permanenten Standortwechsel und das zwischenzeitliche Schließen der gestressten Augen ab, ist das Motiv in den schwarz in schwarz gemalten Flächen von S.B. (Undead) von einem einzigen Betrachterstandort aus kaum auszumachen. Erst im sich vor dem Bild Hin- und Herbewegen erschließen sich die fett schwarz gemalten Flächen und geben das Sujet preis. Sind es in der Neon-Variante die Linien, die das Sujet formen, sind es in der Form der Schwarzen Malerei die gegeneinander gestellten Flächen, aus welchen sich das Motiv herausbildet. Je nach dem Standort der Betrachter bricht sich das Licht unterschiedlich in den pastosen schwarzen Flächen und erzeugt sozusagen ein sich stets veränderndes Gemälde. Je größer Drühl die Flächen seiner schwarzen Bilder dimensionierte, umso schwieriger wurde es, in der Nahsicht darin noch das ganze Motiv zu entschlüsseln.[6] Vielmehr verlor und verliert sich der Anschauende hier in einem wahren Abgrund aus purem Schwarz, aus welchem Linien und Flächen nur sporadisch, man könnte geneigt sein zu sagen phantasmagorisch, aufscheinen und nur ausschnitthaft auf eine abgebildete „Wirklichkeit" verweisen. Und das Merkwürdige ist: In diesem schwarzen Strudel, in welchen das Bild seinen Anschauenden hineingezogen hat, ist dieser geneigt, an die Stelle der tiefsten Schwärze die Farben setzen zu wollen, die er oder sie von Gebirgslandschaften aus seiner eigenen Erfahrung oder Erinnerung zu kennen glaubt. Das Schwarz des Bildes verbleibt unbeirrbar und erratisch in seiner Schwärze, aber die Fantasie des Bild-Gegenübers produziert Farben und Licht und erschließt sich damit das Sujet des bekannten Gemäldes.

Einer der großen Schwarz-Maler des 20. Jahrhunderts, der Franzose Pierre Soulages, hat einmal über seine abstrakten, schwarzen Gemälde gesagt: „Meine Malerei, sehen Sie sie sich an, ist gar nicht schwarz. Schwarz ist eine Farbe des Lichts."[7] Aufgrund dieser, seiner schwarzen Gemälde, die Pierre Soulages auch als „outrenoirs" („Jenseits von Schwarz", d. Verf.) bezeichnete, wurde der Künstler gerne in der Nähe der Philosophie des Existenzialismus der vierziger und fünfziger Jahre des 20. Jahrhunderts verortet. Für Sven Drühl lässt sich eine solche Nähe jedoch ausschließen. Hatte Jean-Paul Sartre in seinem Hauptwerk „Das Sein und das Nichts"[8], darin durchaus im Einklang mit Martin Heidegger, vielleicht etwas pathetisch, vom „Geworfensein" des Menschen als dessen alles begründender Existenzform gesprochen und damit dem Schrecken des

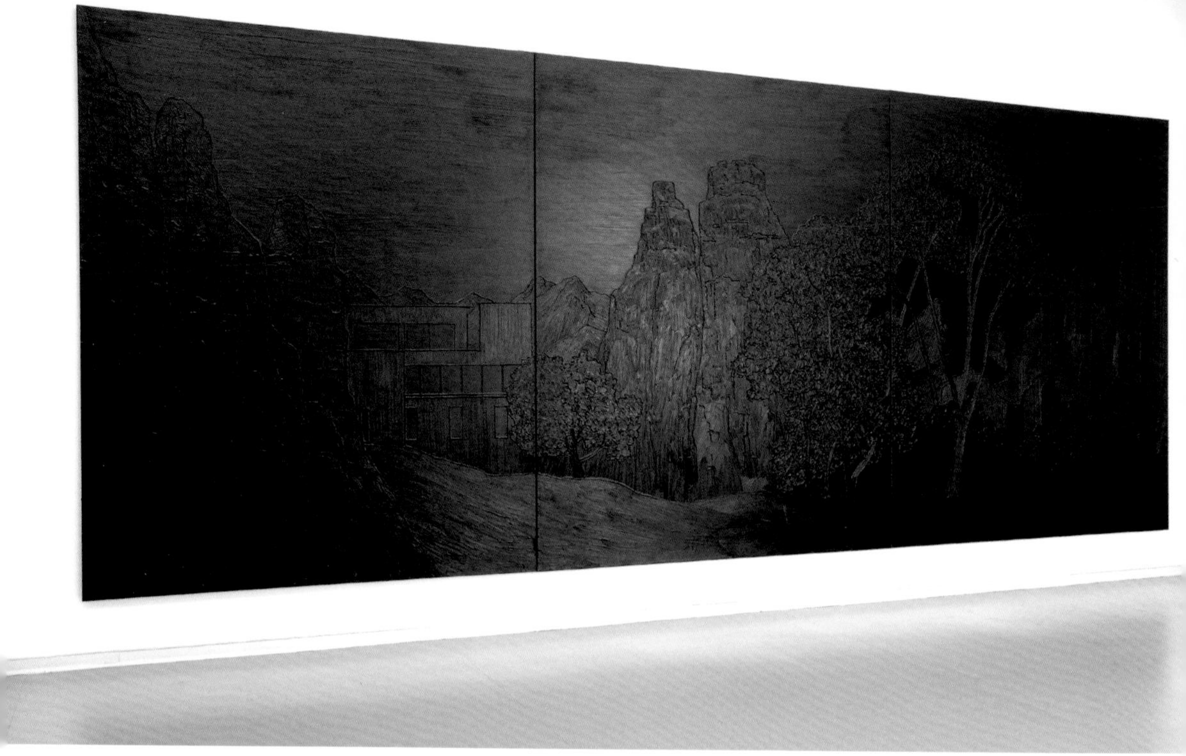

N.N.S.W.P.V.R.E.K.C.D.F. (Undead), 2013
Öl und Silikon auf Leinwand
270 × 675 cm
Privatsammlung

„Nichts" einen Namen gegeben (und damit den Tröstungen durch jedweden Glauben die endgültige Absage erteilt), ist die Annäherung Sven Drühls an die Grenzen der Malerei (und damit auch an die Grenzen des Sagbaren) anders motiviert. Nicht eine philosophische oder metaphysische Motivation darf hier vermutet werden, sondern eher der geradezu wissenschaftliche Forscherdrang eines Künstlers, der wie ein Polarforscher oder ein Speläologe zum weißesten Weiß der Polwüsten oder zum tiefsten Schwarz von Höhlen vordringt, um deren Grenzen und Darstellbarkeit zu erforschen und auszuloten. Ludwig Wittgensteins berühmter letzter Satz seines „Tractatus logico-philosophicus": „Wovon man nicht sprechen kann, darüber muß man schweigen"[9], gilt so gesehen auch für die Kunst Sven Drühls, die bis an die Grenzen dessen vorgestoßen ist, was nur irgend noch darstellbar erscheint.

Über Jahre hinweg hat sich Sven Drühl mit diesen Grenzen des Malbaren auseinandergesetzt, aber wie ein Polarforscher oder Speläologe ist er doch immer wieder zurückgekehrt in die Sphären der Malbarkeit, in den Bereich der leichter entschlüsselbaren Gegenständlichkeit. Und Drühls Expeditionen an die Grenzen der Malerei haben sich gelohnt. Reiche Beute und einen immensen Wissens- und Erfahrungsschatz hat er von dort mitgebracht. An die Stelle der klaren, oft geradezu plakativ eingesetzten Buntfarbigkeit seiner ersten Jahre ist in den vergangenen Jahren eine äußerst fein ausdifferenzierte Farbigkeit getreten, ein

Reichtum an Farb-Valeurs, den so nur einsetzen kann, wer zuvor dem Geheimnis der Farbigkeit bis an ihre Grenzen gefolgt ist. Hauptsächlich sind es Berge, schroffe Wände, Gebirgsmassive, Gletscherwelten, Bergketten mit beeindruckenden Steilwänden, Schneefeldern und sanft modellierten Hangflanken, die Drühl in letzter Zeit gemalt hat, aber auch die Welt des Wassers hat ihn fasziniert, und darin das Glitzern der Lichtstrahlen in einem Bachlauf ebenso wie die Wellengebirge der Ozeane. Die neueren Werke haben keine umrandende Silikon-Lineatur mehr, sie sind weniger grafisch und vermeintlich realistischer. Dennoch könnten die Betrachter*innen mitunter versucht sein, einen Wellenberg (S.D.G.M., 2018) mit einem steinernen Hochgebirge und eine vergletscherte Talsenke (S.D.S.S. [Invers/Mirror], 2016) mit einem ozeanischen Wellenstrudel zu verwechseln. So wie den Sujets schon in Drühls frühen Landschaften keine wesentliche Rolle zukam, so geht es auch in diesen neueren Werken nicht um die getreue, in einem fotografischen Sinn korrekte Abbildung eines Gebirges oder Gewässers, sondern vielmehr um Farbe und Struktur, also letztlich um die Möglichkeiten von Malerei. In hellen, fast pastelligen Farben, die mit einem Grafitgrau oder einem bräunlichen Grau oder auch einem gräulichen Blau kontrastiert sind, einerseits und dumpffarbigem Braunrot oder schwerdunklem Blau andererseits formuliert Drühl ganz neuartige, so nie gesehene Landschaftsausschnitte, Blicke in die sonst eher verschlossene Welt des Hochgebirges und die Nahsicht auf die Wellen der Ozeane, Landschaftsbilder, welchen ein gewisser Heroismus innezuwohnen scheint, Landschaften, die ein ehrfürchtiges Staunen vor den Schönheiten ebenso wie den Gewalten der Natur hervorrufen.

Wo haben wir das zuletzt gesehen? Vielleicht in den – allerdings kleinformatigen – Abbildungen des Hochgebirges und der Gletscher, wie sie im 18. Jahrhundert der Schweizer Maler Caspar Wolf malte, oder in den „heroischen" Landschaften eines Joseph Anton Koch oder Alexandre Calames wunderbar klaren und fein differenzierten Bildern?

Sven Drühl verzichtet in seinen Gemälden auf jegliche Staffagefiguren, er braucht keine Handlung, noch nicht einmal irgendeinen Hinweis auf die Existenz des Menschen, für die die Landschaft nur den Hintergrund abgeben würde. Die Landschaft selbst, ihre Struktur, ihre Schönheit und Größe, ist das Thema seiner Bilder und die mit den Mitteln der Malerei darzustellen, das gelingt ihm. Anders als im Klassizismus eines Joseph Anton Koch ist in diesen neuen Bildern von Sven Drühl nichts Starres und Festes, vielmehr wirken seine menschenleeren, puren Landschaften durchpulst und extrem dynamisch, so als sei nicht nur das Wasser in ständiger Bewegung, in einem immerwährenden Gurgeln und Glucksen, Wirbeln und Strudeln, Wiegen und Wogen begriffen, sondern als sei auch in seinen Gebirgen eine permanente Bewegung, sei es in Form von schmelzenden Gletschern, abgehenden Muren oder zu Tal donnernden Lawinen, zu erkennen, über welchen sich die Betrachter*innen gerne den kreisend schwebenden Bergadler vorstellen mögen. Drühls malerische Strukturgebung in Verbindung mit einer sparsamen Farbchoreografie lässt Wellen ebenso wie Gebirge zur großen Form werden, zu einer Monumental-Form, die dem Wesen ihres Gegenstandes angemessen ist, zu einer kolossalen Form im besten Sinne des Wortes. „Kunst ist Form als Symbol ihres Sinnes", hat der unvergessene Paul Frankl einst formuliert. In Sven Drühls Wasser und Gebirgsbildern ist diese Form erreicht. Ohne falsches Pathos, aber auch ohne jede Kleinlichkeit, mit einer auf das äußerste reduzierten Palette und doch voll saftiger Farbigkeit gelingt es Sven Drühl, eine neue, zeitgemäße Form für den althergebrachten Typus der heroischen Landschaft zu finden. Man kann das romantisch nennen, aber Drühls Bilder weisen weit über die Kunst des 18. und 19. Jahrhunderts hinaus in ein Hier und Jetzt, das nichts mit der Absolutheit und den Schrecken des Existenzialismus zu tun hat, aber sehr viel mit der grenzenlosen Offenheit einer globalisierten Welt.

Gerhard Finckh

1 Johannes Meinhardt: „Ende der Malerei und Malerei nach dem Ende der Malerei", in: „Kunstforum", Bd. 131, 1995, S. 202–246.

2 Gerhard Finckh (Hrsg.): „Beobachtungen zum Stand der Malerei in den 90er Jahren", Ausst.-Kat. Museum Folkwang Essen, 1995, S. 8, und Christian Kravagna: „Adrian Schiess", in: ebd., S. 69 ff.; sowie Gerhard Finckh (Hrsg.): „Positionen – Reisen an die Grenzen der Malerei", Ausst.-Kat. Museum Folkwang Essen, 1996, S. 8–12.

3 Dabei werden Metallstege (zumeist) so auf Kupferplatten gelötet, dass Felder entstehen, die mit farbigem Glasfluss gefüllt und bei 750–800 °C gebrannt werden.

4 Siehe dazu: „Gerhard Richter. Graue Bilder", Ausst.-Kat. Städtisches Museum Mönchengladbach, 1974/75.

5 Siehe dazu: „James Howell. Resolution and Independence", Ausstellung Josef Albers Museum Quadrat Bottrop, 10.4.–10.7.2022.

6 Vgl. dazu etwa C.D.F.C.D.F. (Undead) (2007), 300 × 480 cm, Öl und Silikon auf Leinwand, Sammlung Philara, Düsseldorf, oder N.N.S.W.V.R.E.K.C.D.F. (Undead) (2013), 270 × 675 cm, Öl und Silikon auf Leinwand, Privatsammlung Untersiemau.

7 Pierre Soulages im Gespräch mit Christoph Paul Klapproth, in: „Cicero Online", 17.12.2008, https://www.cicero.de/kultur/schwarz-ist-die-farbe-des-lichtes/41169.

8 Jean-Paul Sartre: „L'être et le néant. Essai d'ontologie phénoménologique", 1943.

9 Ludwig Wittgenstein: „Tractatus logico-philosophicus", 1921, zit. nach der Taschenbuchausgabe, Frankfurt, 1963, S. 115.

SVEN DRÜHL – AN EXCITEMENT, TAKE TWO!

Gerhard Finckh

Twenty years have now passed since Sven Drühl showed his works in a solo exhibition with the initially rather disconcerting title "Die Aufregung – The Excitement" at Museum Morsbroich, Leverkusen, in spring 2002.

The exhibition was exciting because in Sven Drühl, an artist had entered the scene who, gifted with extremely versatile capabilities, was breaking a lance for painting: Colourfulness as a principle, and using colour in the most varied forms and formations seemed to be the credo of this young artist. And, in addition to his skills as a painter-craftsman, he also emerged as a brilliant analyst, theoretician and essayist in various specialist publications and was passing on his extensive knowledge to the next generation in the context of teaching assignments at the universities of Essen and Frankfurt. This was all the more exciting at the turn of the millennium, when a faction of artists, art scholars, museum people, essayists, publicists, gallerists, in short – a substantial part of the so-called art business – had just loudly proclaimed a drastic crisis in painting, if not its end or death.

Johannes Meinhardt had summed up this sepulchral mood on the finality of painting at the end of the millennium in the magazine "Kunstforum": "Since the beginning of modernism in art – no matter when one locates this beginning exactly – talk of the end of painting has not fallen silent; it accompanies the history of modern painting like a basso continuo, at times more audible, at times almost seeming to fade away..."[1]

Numerous exhibitions in the late 1990s revolved around a description of this "crisis" of painting, which the curators saw as being due primarily to the consolidation of photography, installation, performance, body art, the "new media" and a certain "dematerialisation, as well as a universal abolition of all genre boundaries".[2]

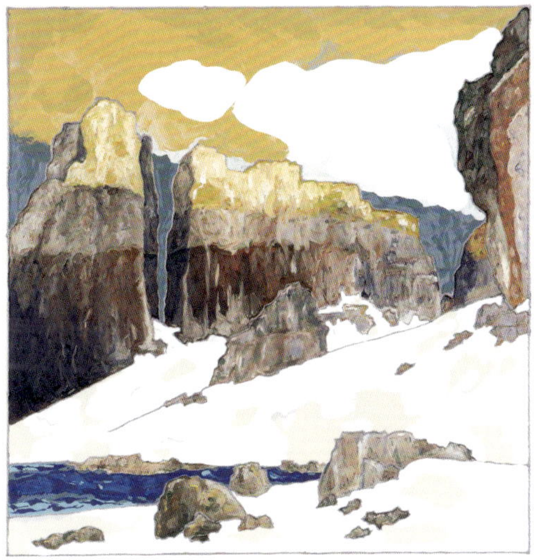

E.B., 2001
Öl, Lack und Silikon auf Leinwand
150 × 150 cm
Privatsammlung Hamburg

In this situation, the appearance of a young artist like Sven Drühl, who, seemingly unimpressed by the discussion about painting's finite nature that was breaking out around him, was exploring this very metier in very different directions, examining it for new possibilities, for a fresh justification of its raison d'être; this appearance was interesting, fascinating and simply exciting.

Sven Drühl was experimenting at the time and like a detective, investigating "in all directions". During a studio visit, I saw the series of "aeroplanes", coloured plywood surfaces (ironised "shaped canvases"), from which "Tintin" (the protagonist of the "Tintin" comics) dropped flowers. There were the strictly geometric "test pictures", their coloured variations imitating the nightly images broadcast on colour television after the close of transmission, there were "carpet paintings" and round, rotating coloured mosaic discs, which were distributed across the floor of the exhibition room like oversized flowers.

Above all, however, there were the oil and lacquer paintings on canvas, whose titles consisted of a monogram and the year of their creation. F.H. (2001), C.D.F. (2001), E.L.K. 2001, C.M. (2001) were such titles, which puzzled their viewers. Who were the artists hidden behind the titles? Ferdinand Hodler, Caspar David Friedrich, Ernst Ludwig Kirchner and Claude Monet were relatively easy to recognise, but it was more difficult with artists such as Eugen Bracht, Clyfford Still or Eberhard Havekost. If the abbreviations were not enough, you could perhaps work out the originals from their subjects: Caspar David Friedrich's "The Sea of Ice", a "Dancing Couple" by Ernst Ludwig Kirchner or Claude Monet's „Water Lilies" were immediately recognisable and provoked the question: Why is Sven Drühl painting these world-famous paintings again, and why specifically in this "crazy" (a standard expression around 2000) way?

Some critics, presumably because of bad experiences in editorial conferences, thought they could claim hastily: "Well, if everything has been said, there is always someone else who will repeat the same thing again using different words!" But they were wrong – thoroughly so, for Sven Drühl was not repeating anything in his new paintings. His new works were based on familiar subjects, but since Impressionism or even since the "invention of abstraction", what significance did the subject continue to have? After all, the subject had hardly mattered in painting since the beginning of the 20th century. The subject had long since become a mere pretext for presenting a new, different perspective on colour, art and the world. Ultimately, therefore, Sven Drühl's new paintings were no longer about Caspar David Friedrich or Claude Monet, about ice floes or water lilies; they were about asking fresh questions of the world, propagating innovative content, making new statements in novel forms. Just as Caspar David Friedrich had probably never encountered Arctic ice floes in his life, and Monet had never been interested in the individual blossoms of his water lilies; important artists have always had the big picture, an idea, or their view of the world in mind when producing their works of art. In the same way, Sven Drühl was not simply interested in "Appropriation Art" or in bowing down before the extraordinary forefathers of old, but in generating a signature that was utterly his own, through which he could express his personal view of history and the present, of time and space. The astonished audience could participate in an act of contrary filiation in front of these paintings; from there, Sven Drühl took his painting into totally different spheres.

What was new and exciting about Sven Drühl's own emerging painterly signature was the way he dealt with the part-areas of his paintings. Whereas Caspar David Friedrich had differentiated the colours of the individual ice floes in his painting "The Sea of Ice", (c. 1823/24, Hamburger Kunsthalle), Drühl separated the areas with the help of noticeably raised lines of silicone, which, like the paths between rice paddies, separate the individual sections from one another. Drühl flooded the resulting fields with different coloured lacquer and oil paints, creating an exciting interplay between the per-

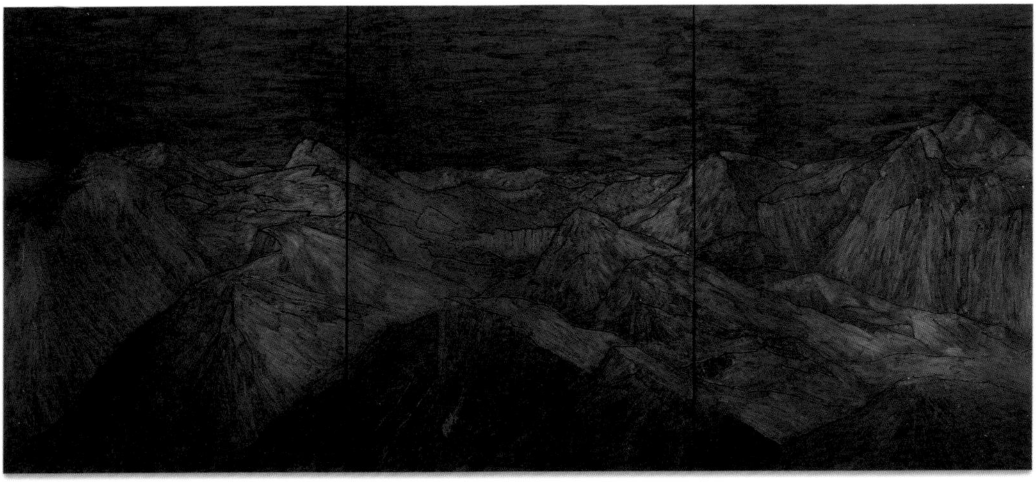

S.B. (Undead), 2006
Öl und Silikon auf Leinwand
240 × 540 cm

fectly smooth surface of the lacquer puddles and the fields of oil clearly structured by his brushstrokes. Technically, this method has a certain similarity with the production of cloisonné enamel surfaces[3]; from an art-theoretical and art-historical point of view, we could compare it with the art of the Nabis, who – in a counter-response to Impressionism and Pointillism – outlined their colour fields with black or dark blue lines from the 1890s onwards, separating them from each other in this way.

The various colours gained tremendous luminosity through their separation from other coloured areas and their interior unity, thus forming a sophisticated, balanced and perfect counterbalance to the clearly perceptible silicone lines. The contrast between smooth lacquered surfaces and deliberately, sometimes even coarsely structured areas of oil painting helped to lend a fresh dynamism to the (old familiar) motifs. Caspar David Friedrich's "The Sea of Ice", for example, which has been seen so much and reproduced so often, seemed less deep and less "inaccessible" due to this analytical split into its individual colour planes and to a shift of the main motif within the picture surface; instead, it became more direct, more comprehensible despite its complex structure. Admittedly, Caspar David Friedrich's mysticism faded in this new version; a new approachability took its place, an invitation to the viewer to participate, to engage in a novel, individual, analytical fashion with this already "iconic" representation from the early 19th century.

But this comparison, which could also be applied to other works in the same series, should not be elaborated here; for Drühl's next radical step took place immediately after these lacquer and oil paintings from the turn of the millennium: his liberation from a classical use of colour.

Whereas artists such as Gerhard Richter[4] or James Howell[5], to name but two, had discovered the colour grey at times, the colour in which all the other known colours of the spectrum merge, Drühl turned away from this concentration on the "middle" and towards the extreme poles of colourfulness: the brightest light in the colour white, and the darkest night in the colour black. While others continued to discuss the death of painting, Sven Drühl, with his new series of works in the years that followed, balanced elegantly and sure-footedly along the narrow ridge running between the colour white and a brightness that can no longer be painted, and the colour black and its unpaintable darkness. Many artists before him had already ventured into these extreme regions, the artists of the ZERO group, for example, or conceptual painters such as Kasimir Malevich, Ad Reinhardt or Pierre Soulages, but Sven Drühl was probably the first who dared to work figuratively at these extreme poles. The figurative, the subject that could not and was not allowed to play a role for other artists in their courageous occupation with the border regions of painting, is indispensable in Sven Drühl's work. Figurative painting all in white or all in black, this was the innovation that Sven Drühl brought to art at the beginning of the new millennium.

His path up to this point was remarkable, in that Drühl did not simply abandon chromaticism in a spontaneous action from one day to the next, but implemented this withdrawal step by step and documented it almost "scientifically". Exemplary of this is the painting F.H., 2003, in which Drühl paraphrased a mountain stream by Swiss painter Ferdinand Hodler using his new method of oil and lacquer painting in shades of blue, green, brown and white. In the same year, Drühl added the same motif in a somewhat more concise form, but now reduced to white and a few grey areas, as well as a yellowish glow. He called this second work F.H. (Bastard), 2003. Similar "twin pictures" could be enumerated, in which Drühl meticulously investigates the role of colour in his oil and lacquer paintings, and questions how necessary chromaticity is for painting in general. By the end of this series of experiments, he had realised that a few silicone lines on a white background were sufficient for an evocation of the "Sea of Ice" after Caspar David Friedrich, as the essential feature of ice floes piled up in this way was not so much to be found in their individual colourfulness, depending on the respective sunlight; instead, the pitiless hopelessness of an ice desert consisted in its endless, literally no longer visible, glistening white. This dazzling white, its pain-inducing effect a constant complaint among polar explorers, this white that is brighter than the white we encounter in everyday life, cannot be produced convincingly using the traditional means in classical painting; rather, it requires a source of light other than sunlight. Drühl therefore abandoned his silicone lines and found this other source of light in thin, pliable neon tubes, which replace the silicone outlines of other paintings in his work C.D.F. (Neon), 2003, and thus generate a radiance that comes close to the glistening light over snow and ice. The dazzling, pure white backlight of the neon tubes traces the shape of the ice floes in this work, which it may seem rather problematic to call a "painting", so that the connection to Caspar David Friedrich's work can still be sensed. In reference to Friedrich, the light may even be interpreted as a potential carrier of spiritual content, of whatever kind; on the other hand, the white of the canvas, lit by the neon light, is so blinding that for the viewer, the emphasis of perception alters to a sensation of discomfort or even pain. The white hell of the Arctic becomes a rudimentary physical experience for the viewer here. Drühl's work is far removed from the abstract works of the artists from the ZERO circle of the 1960s, therefore, in which neon tubes had already been used; their geometrically abstract forms affected or even troubled the viewers far less than proved possible

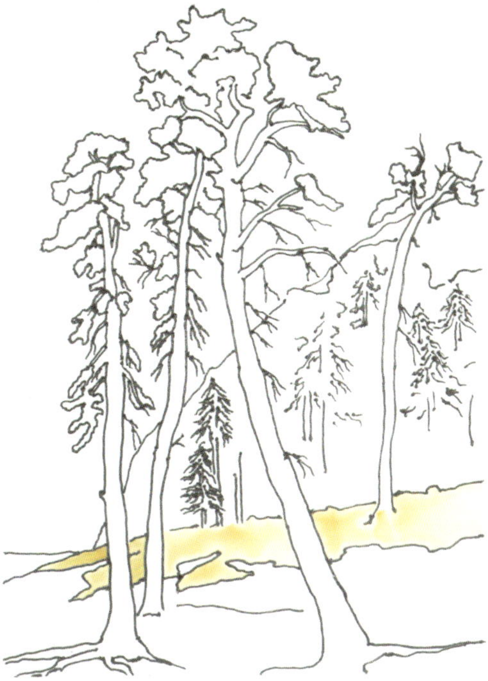

I.S. (Bastard), 2003
Lack und Silikon auf Leinwand
140 × 100 cm
Sammlung PHILARA, Düsseldorf

with Drühl's figurative subjects. This coupling of figuration and absolute white enables Drühl to successfully take a step beyond classical light and white painting. In this way he has expanded painting's repertoire at one of its extreme poles.

While exploring the white pole, Drühl was also concerned with exploring the black. On his way from chromaticism to monochromy, he had also touched the grey centre, e.g., in works such as C.D.F. (Bastard metallic), 2003, or I.S. (Bastard metallic), 2003, but for several years, his main interest was in the extreme white and black positions. Almost simultaneously, he produced works of art at the edges of painting that could not be more opposite. While in 2005, Drühl installed another of his striking neon mountain paintings, S.B. (Neon), 2005, at the Nunnery Gallery, London, in 2006 he painted the same motif entirely in black: S.B. (Undead), 2006. Whereas this motif of a mountain massif, based on a painting by Samuel Birmann, is hardly bearable in the neon version – due to the glaring backlight – and so demands a permanent change of location from the viewer and occasional closure of his strained eyes, the motif in the black-on-black painted surfaces of S.B. (Undead) can scarcely be discerned at all from a single, fixed viewing position. Only when we move backward and forward in front of the picture do the bold, black-painted surfaces reveal themselves and disclose the subject. While it is the lines in the neon version that form the subject, in the black painting method it is the juxtaposed surfaces from which the motif emerges. Depending on the viewer's position, the light refracts differently in the impasto black surfaces and creates a constantly changing painting, so to speak. The greater the dimensions of the areas in Drühl's black pictures, the more difficult it becomes to decipher the motif as a whole in close-up view[6]. Instead, the viewer is lost in a veritable abyss of pure black, from which lines and surfaces appear only sporadically – one might even be inclined to say phantasmagorically – with only their fragments referring to a depicted "reality". And the strange thing is: In this black vortex into which the picture has drawn its viewers, they are inclined to want to replace the deepest blackness with the colours they believe they know of mountain landscapes from their own experience or memory. The black of the picture remains unwavering and erratic in its blackness, but the imagination of the person seeing the painting produces colours and light, and thus opens up the topic of the well-known artwork.

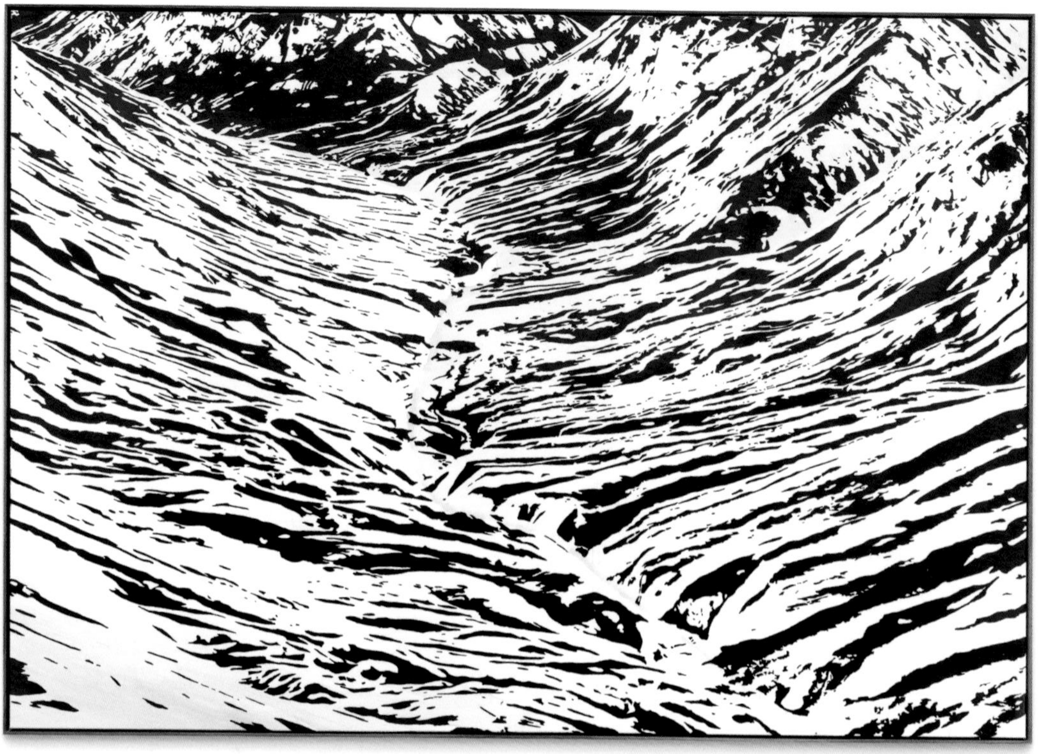

S.D.S.S. (Invers/Mirror), 2016
Lack auf Leinwand
180 × 260 cm

One of the great 20th-century painters of black, Frenchman Pierre Soulages, once said of his abstract black paintings: "My painting, look at it, is not black at all. Black is a colour of light"[7]. Because of his black paintings, which Pierre Soulages also called "outrenoirs" ("beyond black", the author), the artist was readily seen as displaying an affinity with the philosophy of existentialism during the 1940s and 1950s. For Sven Drühl, however, such proximity can be ruled out. Whereas Jean-Paul Sartre, in his main work "Being and Nothingness"[8] and in line with Heidegger, perhaps somewhat pathetically spoke of the "thrownness" of man as his fundamental state of existence, thus giving a name to the horror of "nothingness" (and so definitively rejecting the consolations of any kind of faith), Sven Drühl's approach to the limits of painting (and consequently to the limits of what can be said) is motivated quite differently. We cannot assume a philosophical or metaphysical motivation here, but rather the almost scientific exploratory urge of an artist who, like a polar explorer or a speleologist, penetrates to the whitest white of the polar deserts or the deepest black of caves in order to explore and sound out their limits and representability. Thus, Ludwig Wittgenstein's (1889 – 1951) famous last sentence of his "Tractatus logico-philosophicus": "Whereof one cannot speak, thereof one must be silent"[9], also applies to Sven Drühl's art, which has penetrated to the limits of what still appears representable.

For years, Sven Drühl has grappled with these limits of the paintable, but like a polar explorer or speleologist, he has always returned to the spheres of paintability, to the realm of the more easily decipherable, representational. And Drühl's expeditions to the limits of painting have paid off. He has brought back rich booty and an immense wealth of knowledge and experience. In recent years, the clear, often almost striking use of bright colours in his early years has been replaced by an extremely finely differentiated coloration, a richness of chromatic values that can only be employed by those who have previously followed the mystery of colour to its limits. Recently, Drühl has painted mainly mountains, rugged walls, mountain massifs, glacier worlds, mountain ranges with impressively steep faces, snowfields and gently modelled slopes, but he has also been fascinated by the world of water, and in this he has captured the glitter of light rays in a stream as well as the mountainous waves of the oceans. The more recent works no longer display a linearity of silicone borders; they are less graphic and apparently more realistic. Nevertheless, the viewer might sometimes be tempted to confuse a mountain of waves (S.D.G.M., 2018) with a rocky, high mountain range, and a glaciated valley depression (S.D.S.S. (Inverse/Mirror), 2016) with an oceanic wave vortex. Just as the subjects did not play a vital role in Drühl's early landscapes, these more recent works are not concerned with faithful depiction of a mountain or body of water, correct in a photographic sense, but with colour and structure; ultimately, that is, with the possibilities of painting. In light, almost pastel colours, which contrast with a graphite or brownish grey or even a greyish blue on the one hand, and with a dull brown-red or heavy-dark blue on the other, Drühl formulates totally new, never-before-seen sections of landscape; views into the otherwise inaccessible world of high mountains and close-up views of the oceans' waves, landscapes in which a certain heroism seems to be inherent, landscapes that evoke a reverent amazement before the beauties as well as the forces of nature.

Where did we last see this? Perhaps in the – albeit small-format – depictions of high mountains and glaciers painted in the 18th century by Swiss artist Caspar Wolf or in the "heroic" landscapes of Joseph Anton Koch, or Alexandre Calame's wonderfully clear and finely differentiated paintings?

Sven Drühl manages without any staffage figures in his paintings, he does not need a

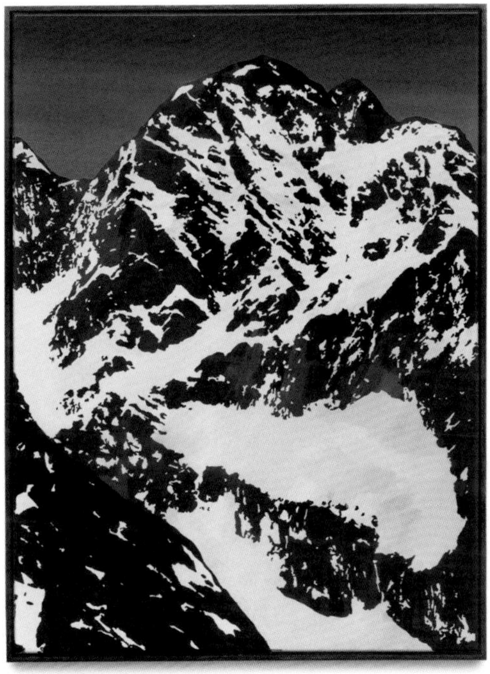

S.D.C.G.T., 2020
Lack auf Leinwand
100 × 75 cm
Privatsammlung

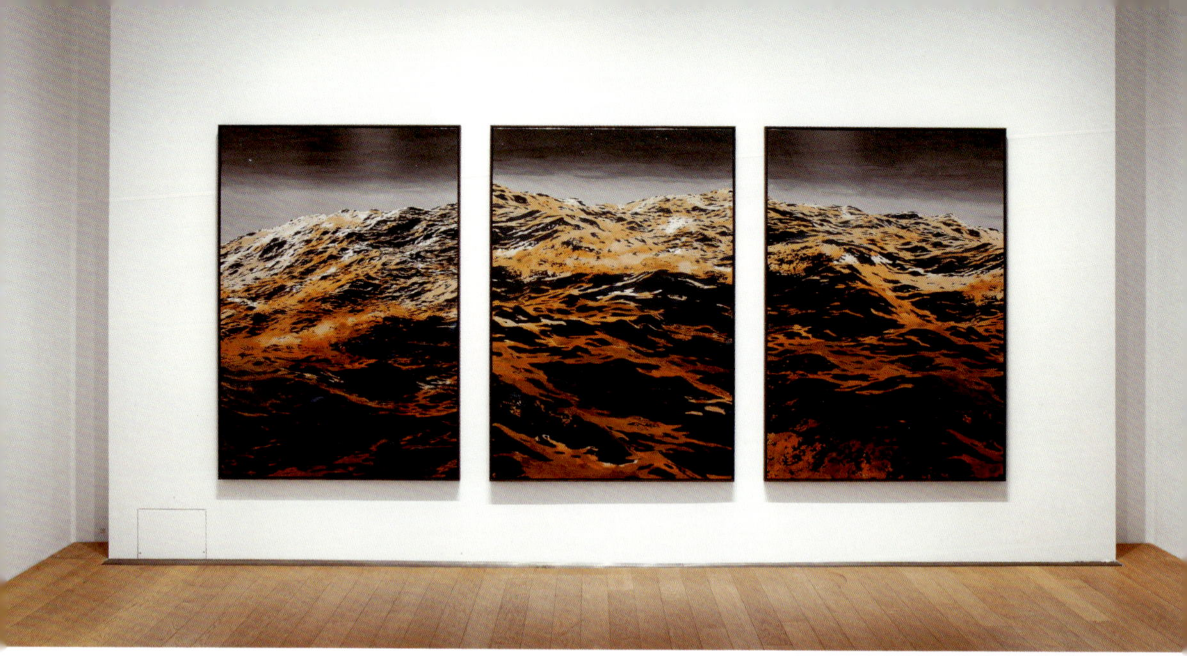

S.D.G.M. I–III, 2018
Lack auf Leinwand
je 170 × 120 cm
Installationsansicht Museum Kunst der Westküste, Alkersum auf Föhr, 2020

narrative, not even a reference to the existence of man, for which the landscape would merely provide the background. The landscape itself, its structure, its beauty and size, is the subject of his works, and he succeeds in depicting this with the means of painting. Unlike the classicism of Joseph Anton Koch, there is nothing rigid and fixed in these new works by Sven Drühl; rather, his deserted, pure landscapes seem pulsating and extremely dynamic, as if not only the water were in constant motion, in a perpetual gurgling and babbling, whirling and swirling, swaying and surging, but as if there was also permanent movement in his mountains, whether in the shape of melting glaciers, departing mudflows, or avalanches thundering down into the valley, above which the viewer likes to imagine a mountain eagle soaring in circles. Drühl's painterly structuration in combination with a sparing choreography of colour allows waves as well as mountains to become a large form, a monumental form appropriate to the nature of the subject, a colossal form in the best sense of the word. "Art is form as a symbol of its meaning", as the unforgotten Paul Frankl once put it. In Sven Drühl's water and mountain paintings, this form is achieved. Without false pathos, but with no pettiness either, with a palette reduced to the extremes and yet full of vivid colour, Sven Drühl succeeds in finding a novel, contemporary form for the time-honoured heroic landscape. You can call it romantic, but Drühl's paintings point far beyond the art of the 18th and 19th centuries to a here and now that in no way relates to the absolutism and horrors of existentialism, but instead to the boundless openness of a globalised world.

Gerhard Finckh

1 Johannes Meinhardt: Ende der Malerei und Malerei nach dem Ende der Malerei. In Kunstforum Vol. 131, 1995, pp. 202–246

2 On this, see Gerhard Finckh: Positionen – Beobachtungen zum Stand der Malerei in den 90er Jahren (exhib. cat. Museum Folkwang Essen), 1995, p. 8 and Christian Kravagna: Adrian Schiess, ibid., p. 69 ff; as well as Gerhard Finckh: Positionen – Reisen an die Grenzen der Malerei (exhib. cat. Museum Folkwang Essen) 1996, pp. 8–12

3 In this process, metal bars (usually) are soldered onto copper plates in such a way that fields are created, which are filled with coloured glass flux and fired at 750–800 ° Celsius.

4 On this, see: Gerhard Richter. Graue Bilder (exhib. cat.) Städtisches Museum Mönchengladbach 1974/75

5 On this, see: James Howell. Resolution and Independence. Ausstellung Museum Quadrat Bottrop, 10.4.–10.7.2022. Most of Howell's grey paintings were produced in the context of his "Series 10" between 1996 and 2014.

6 On this, cf. for example C.D.F.C.D.F. (Undead), 2007, 300 x 480 cm, oil and silicone on canvas, Collection Philara, Düsseldorf, or N.N.S.W.V.R.E.K.C.D.F. (Undead), 2013, 270 × 675 cm, oil and silicone on canvas, private collection Untersiemau.

7 Pierre Soulages in conversation with Paul Klapproth, in: Cicero Online, 17.12. 2008

8 Jean-Paul Sartre: L´Etre et le Néant. Essai d´ontologie phénoménologique, 1943

9 Ludwig Wittgenstein: Tractatus logico-philosophicus, 1921, quoted from the paperback edition, Frankfurt 1963, p. 115

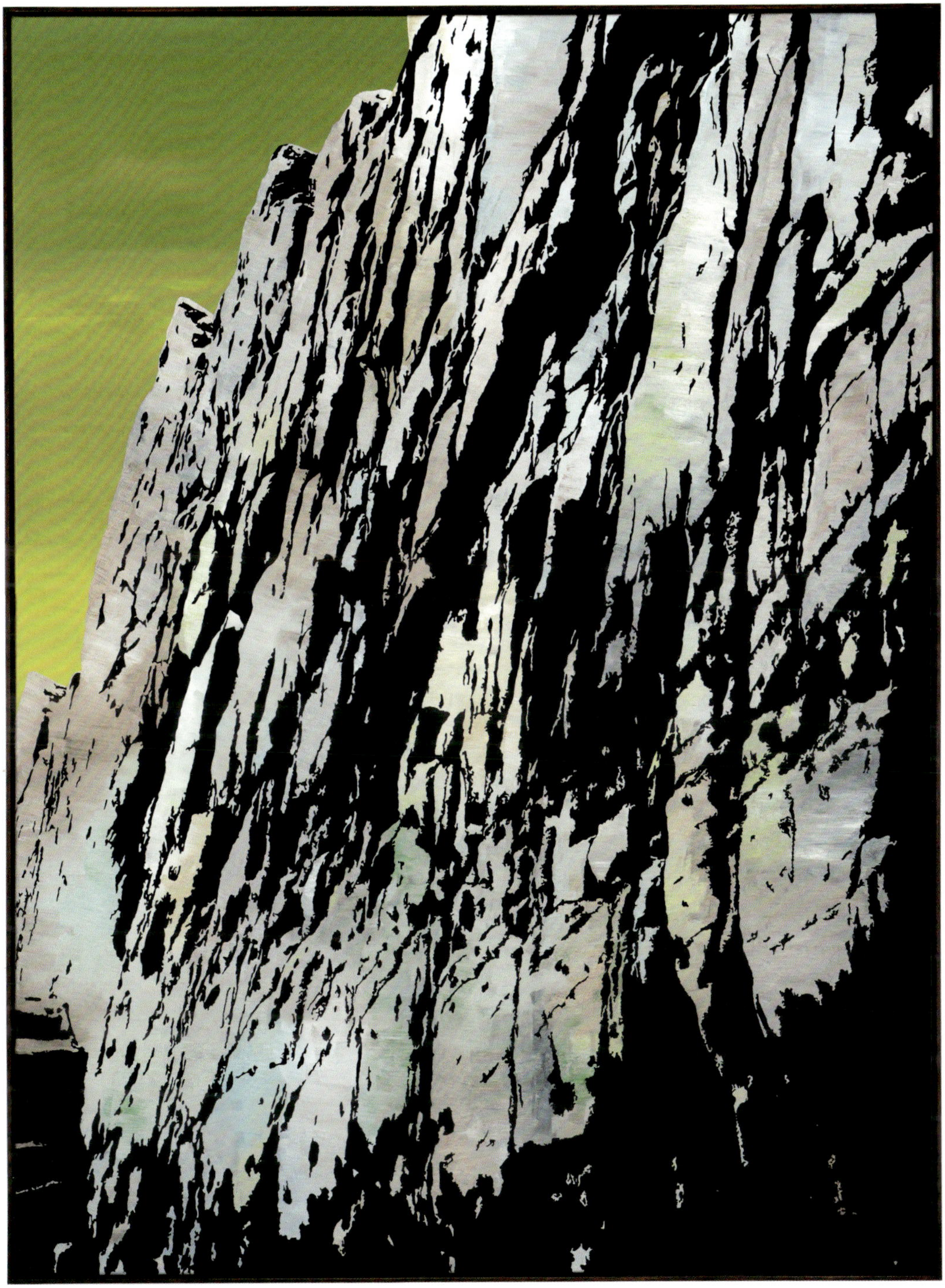

S.D.E.T., 2022
Öl und Lack auf Leinwand
200 × 150 cm

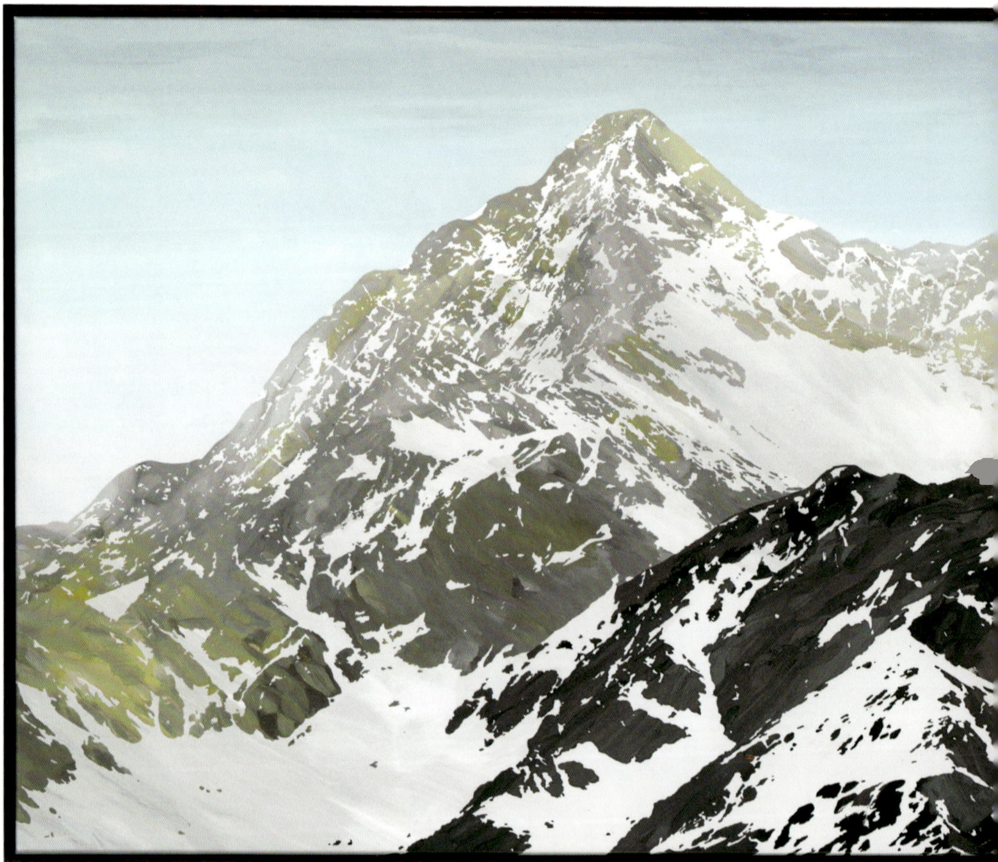

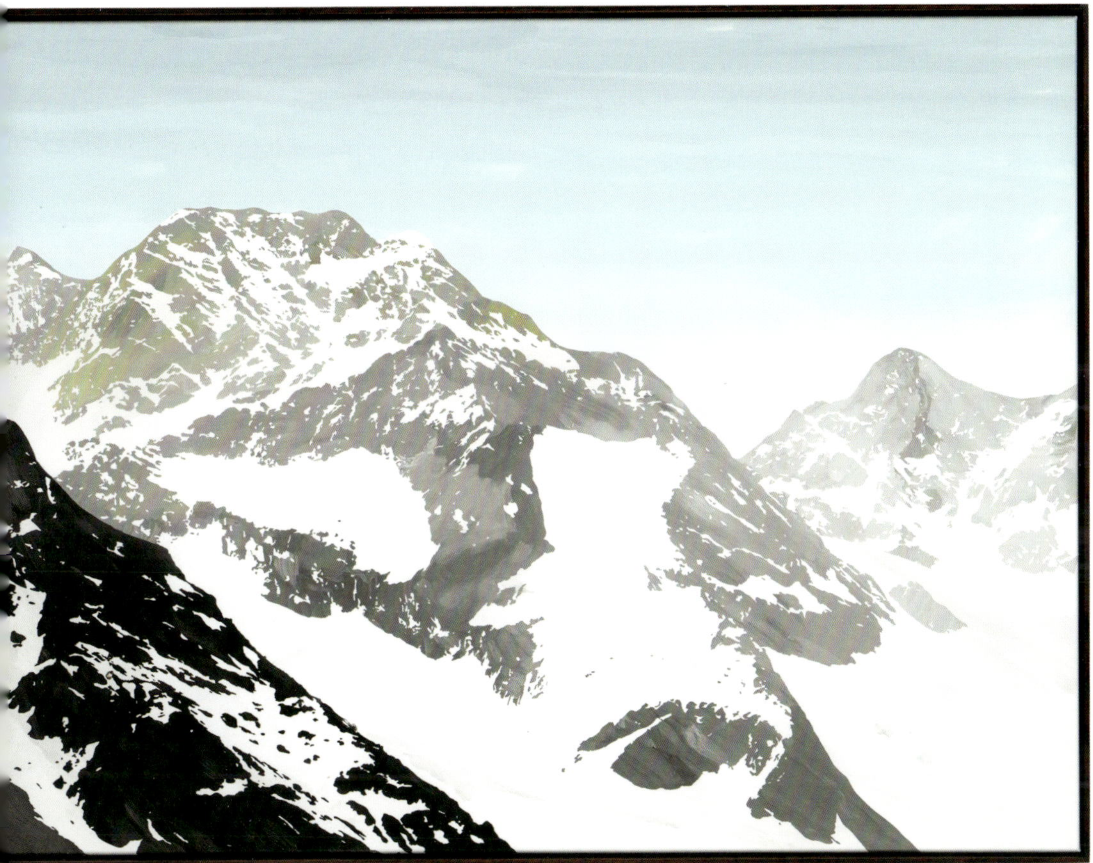

S.D.C.G.T. (Stretch), 2021
Lack auf Leinwand
95 × 250 cm
Privatsammlung Schweiz

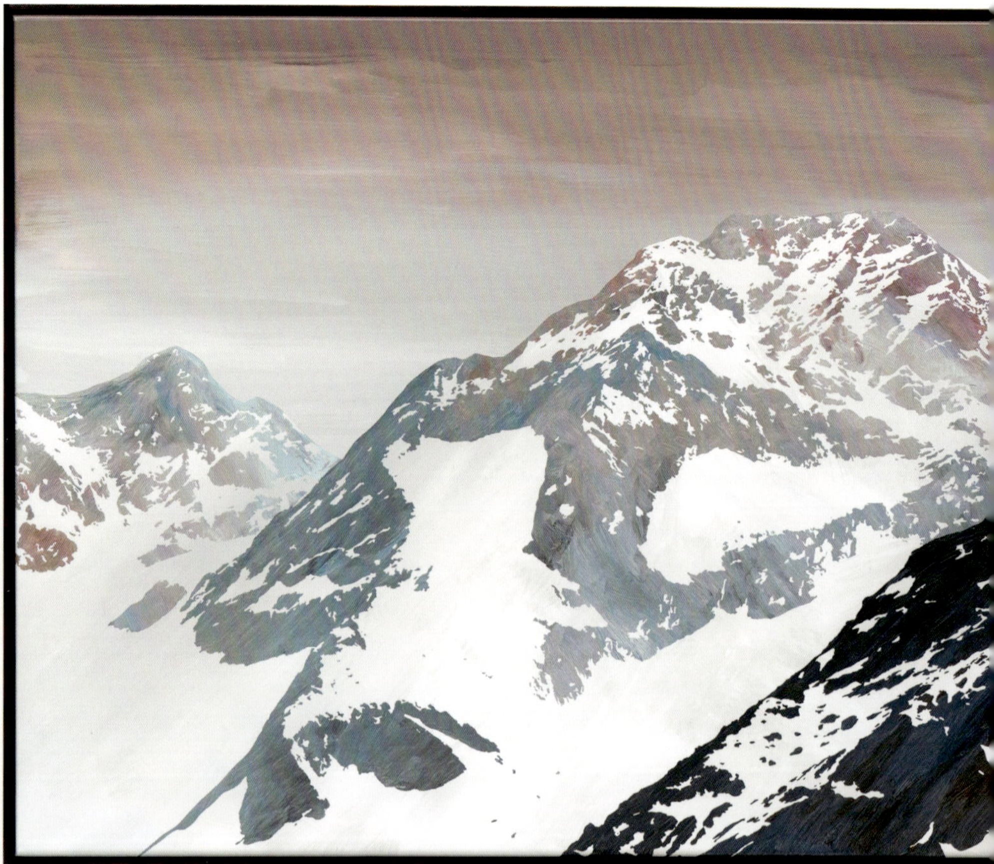

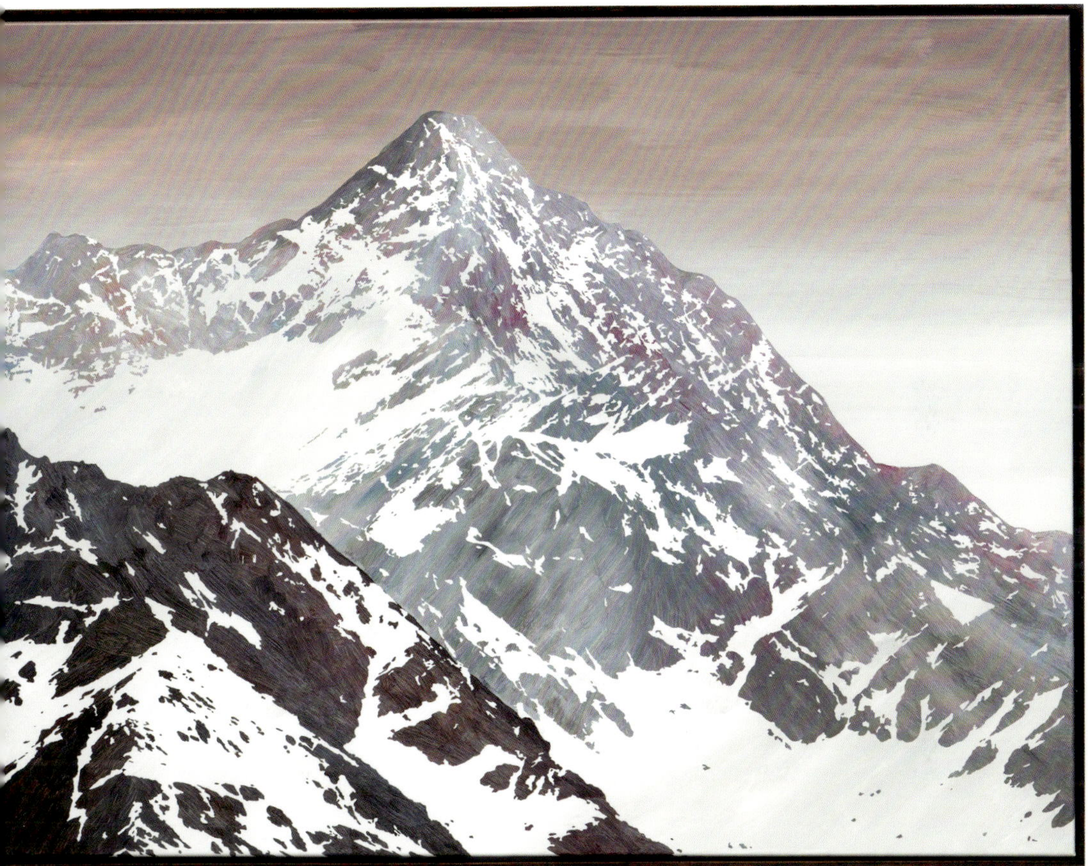

S.D.C.G.T. (Stretch/Mirror), 2021
Öl und Lack auf Leinwand
95 × 250 cm
Privatsammlung Hamburg

S.D.C.G.T. (Stretch/Dark), 2022
Öl und Lack auf Leinwand
60 × 120 cm

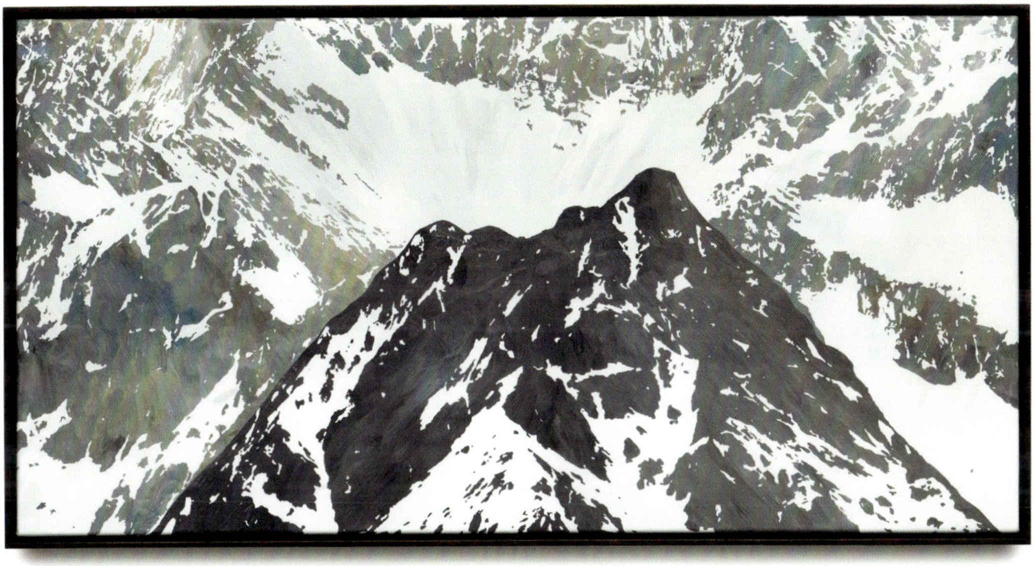

S.D.C.G.T. (Stretch/Mirror/Dark), 2022
Öl und Lack auf Leinwand
60 × 120 cm

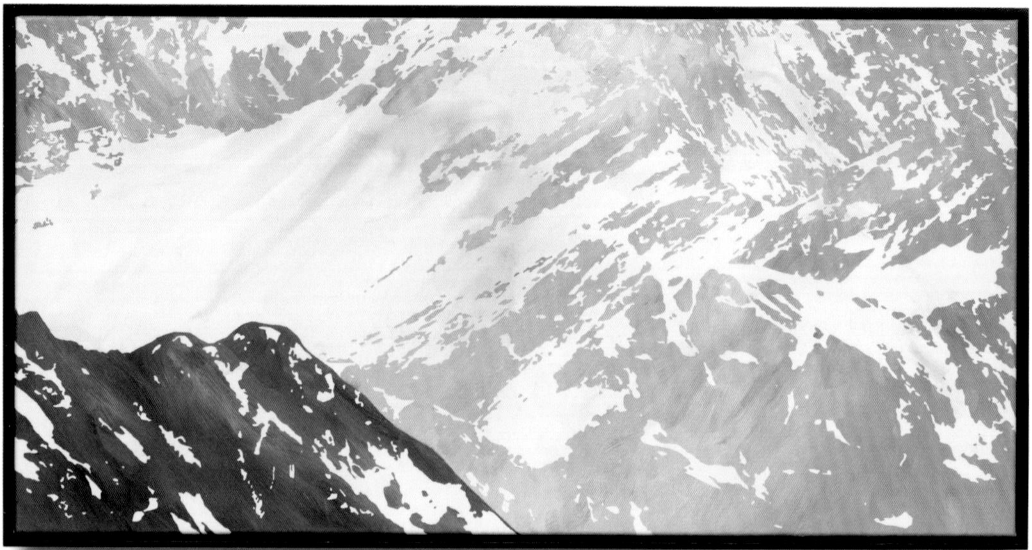

S.D.C.G.T. (Stretch/Light), 2022
Öl und Lack auf Leinwand
60 × 120 cm

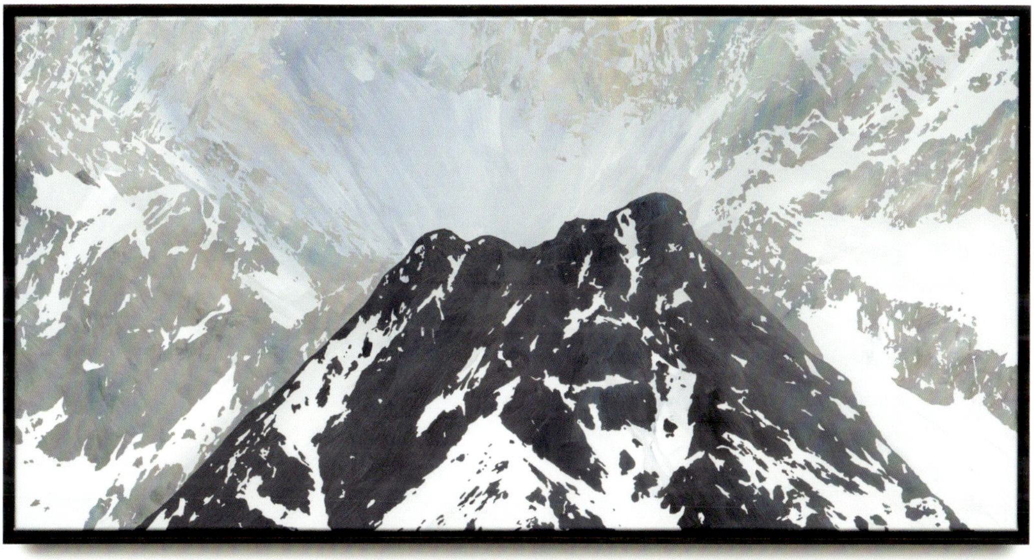

S.D.C.G.T. (Stretch/Mirror/Grey), 2022
Öl und Lack auf Leinwand
60 × 120 cm

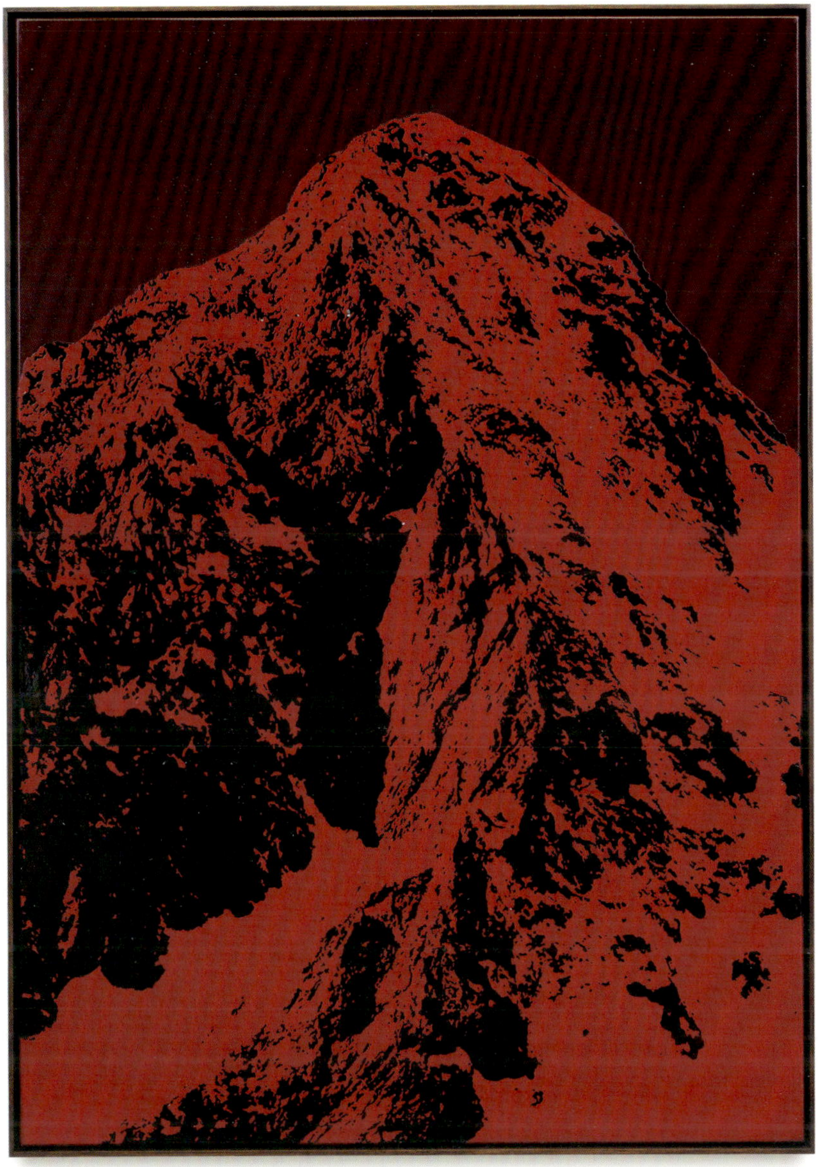

W.I.A.O. (Red), 2021
Lack auf Leinwand
140 × 100 cm
Privatsammlung Hamburg

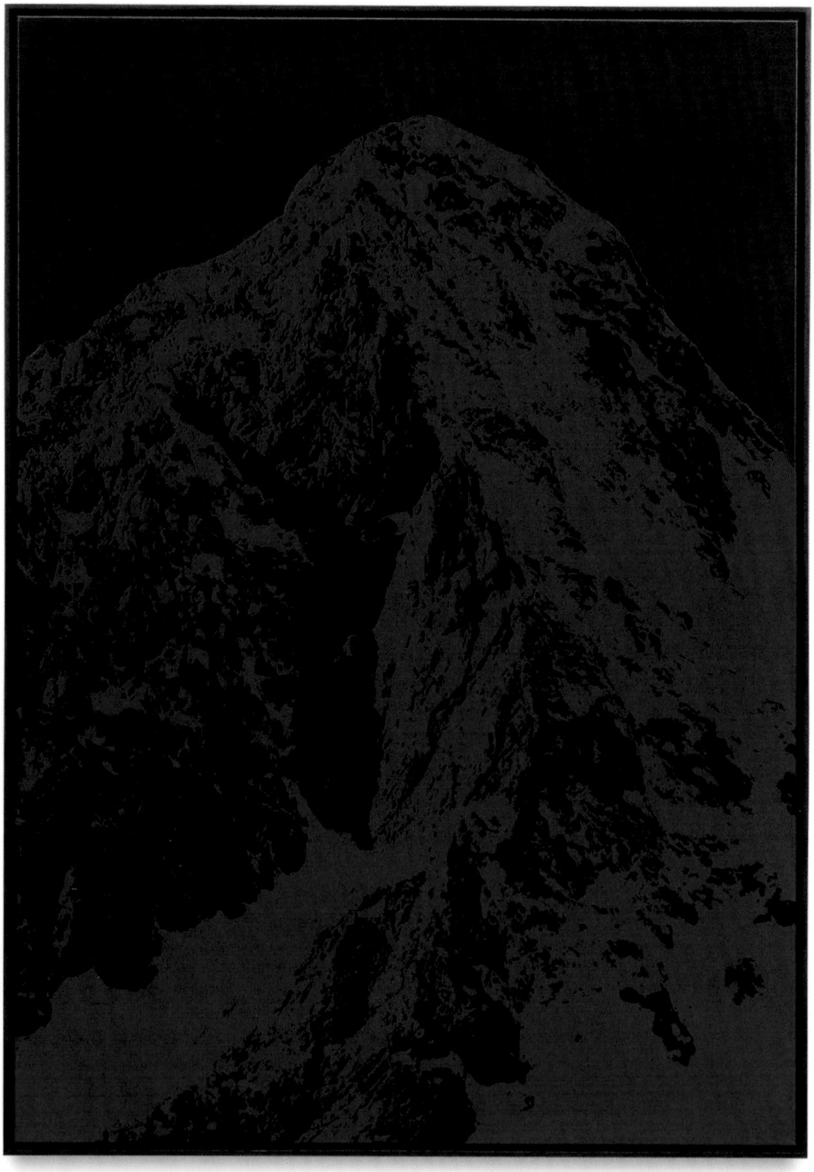

W.I.A.O. (Blue), 2021
Lack auf Leinwand,
140 × 100 cm
Privatsammlung Hamburg

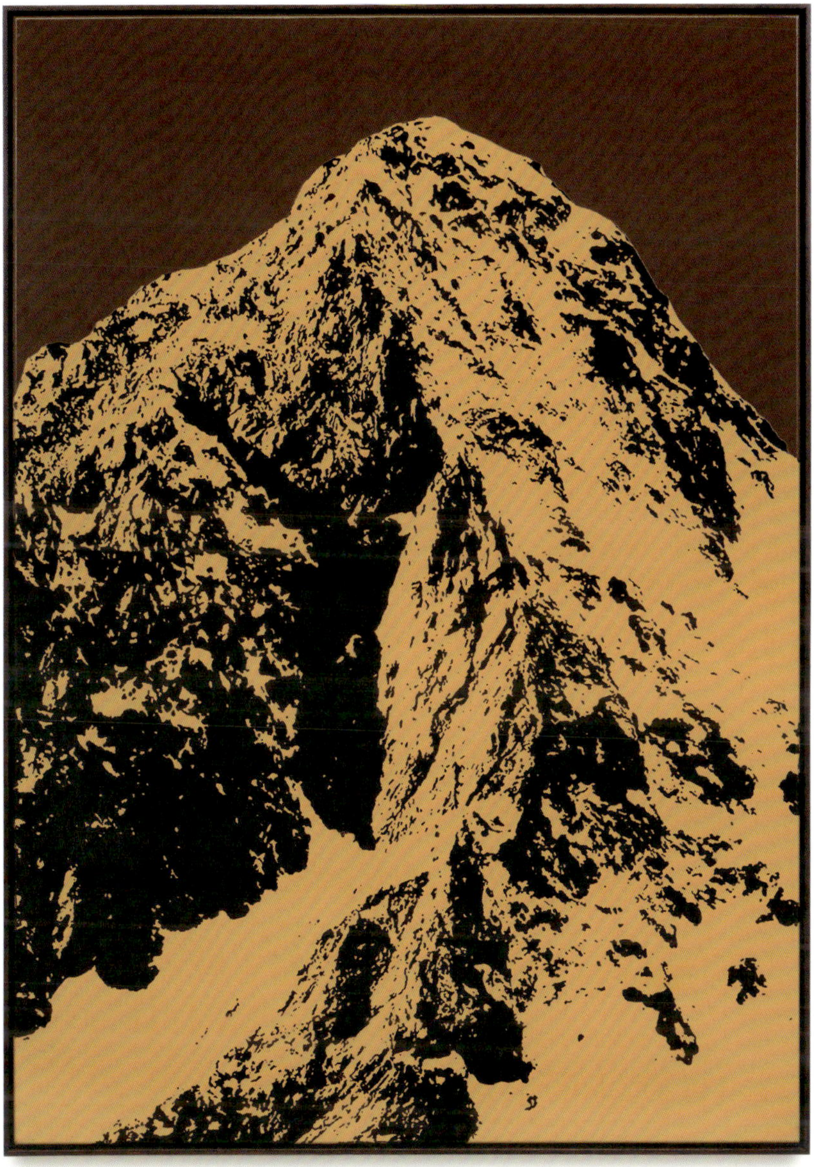

W.I.A.O. (Ochre), 2021
Lack auf Leinwand,
140 × 100 cm
Privatsammlung Hamburg

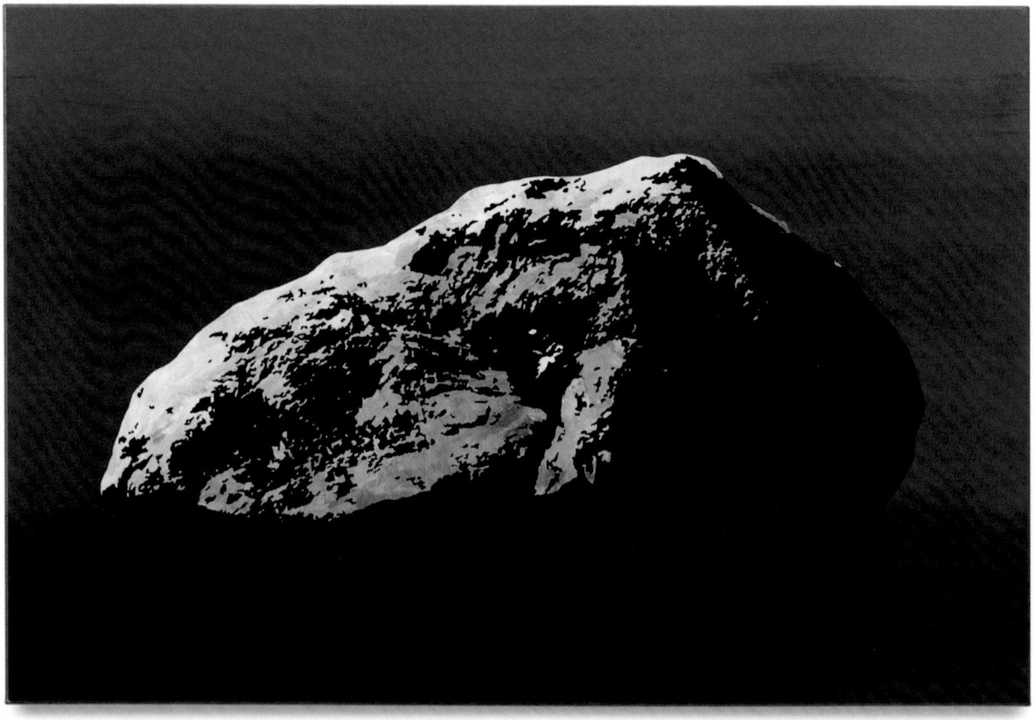

MOON, 2020
Öl und Lack auf Leinwand
80 × 120 cm
Privatsammlung Ohringen

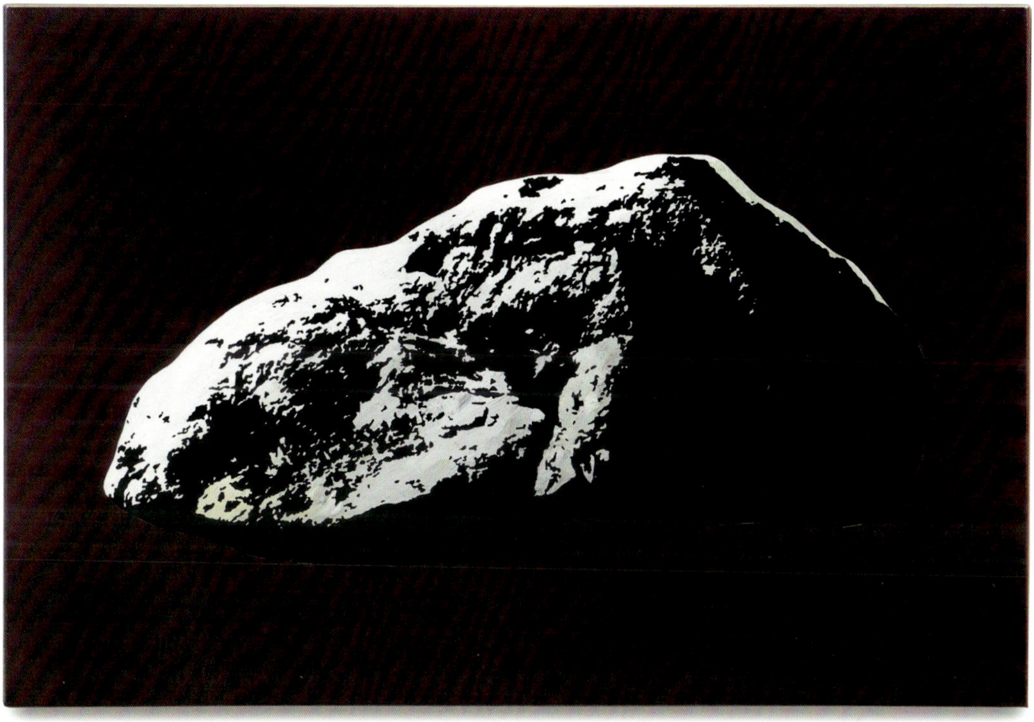

MOON II, 2021
Öl und Lack auf Leinwand
80 × 120 cm

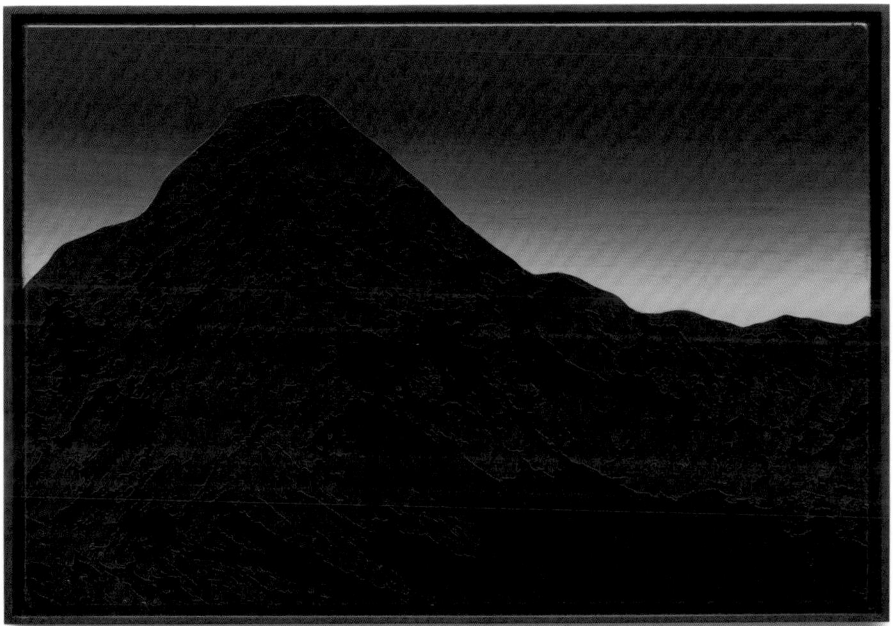

S.D.C.G.T. xs, 2022
Lack auf Leinwand
40 × 60 cm

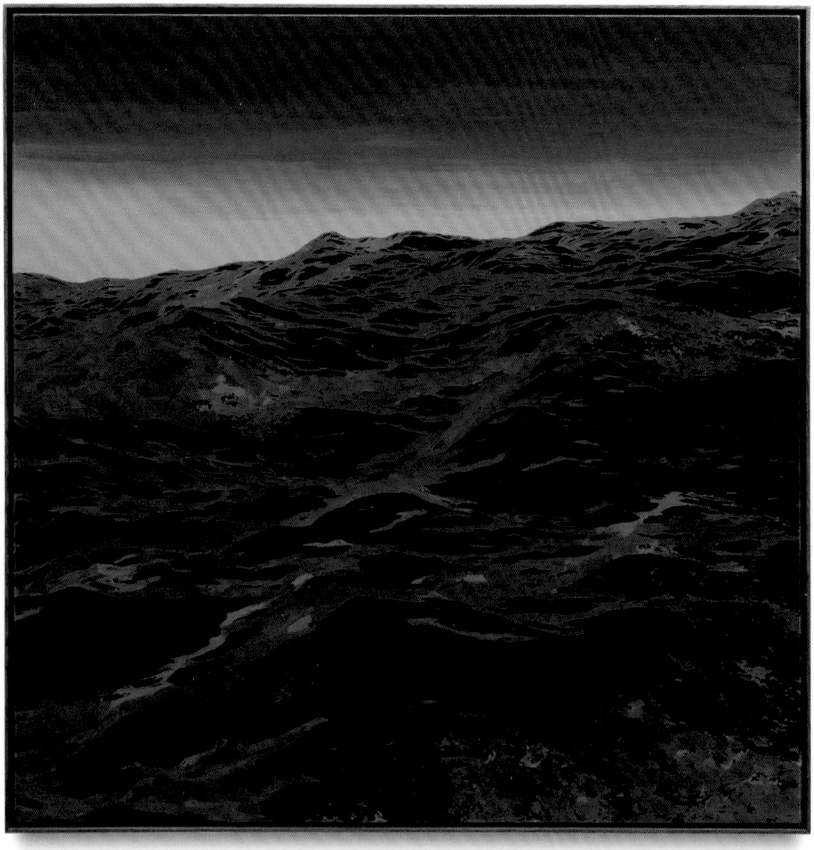

S.D.G.M. II, 2017/2022
Lack auf Leinwand
110 × 110 cm

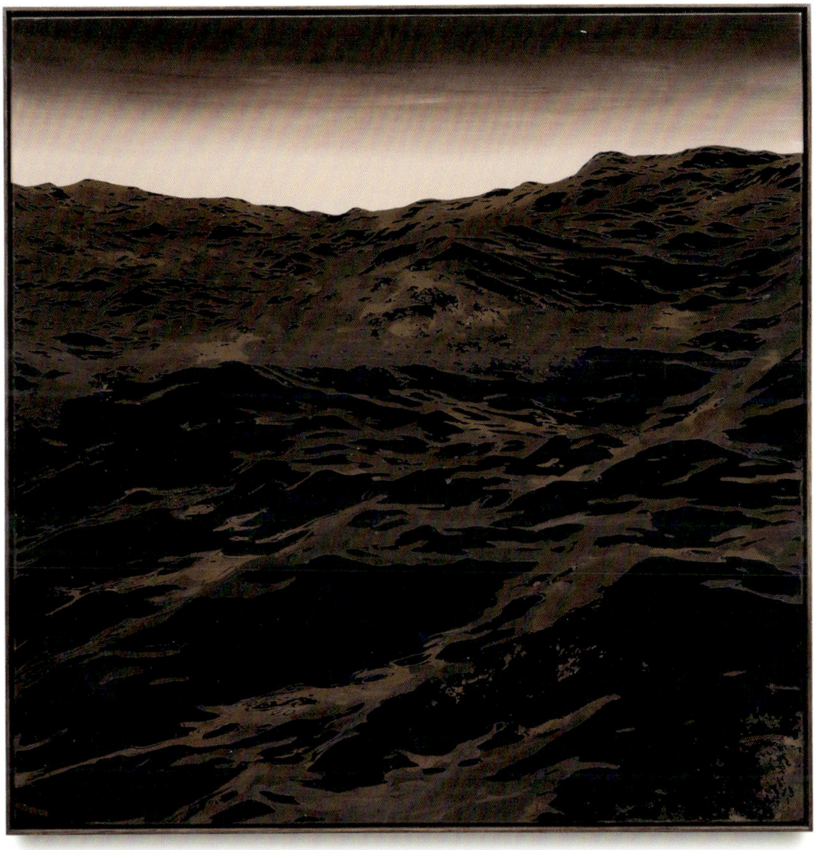

S.D.G.M. III, 2017/2022
Lack auf Leinwand
110 × 110 cm

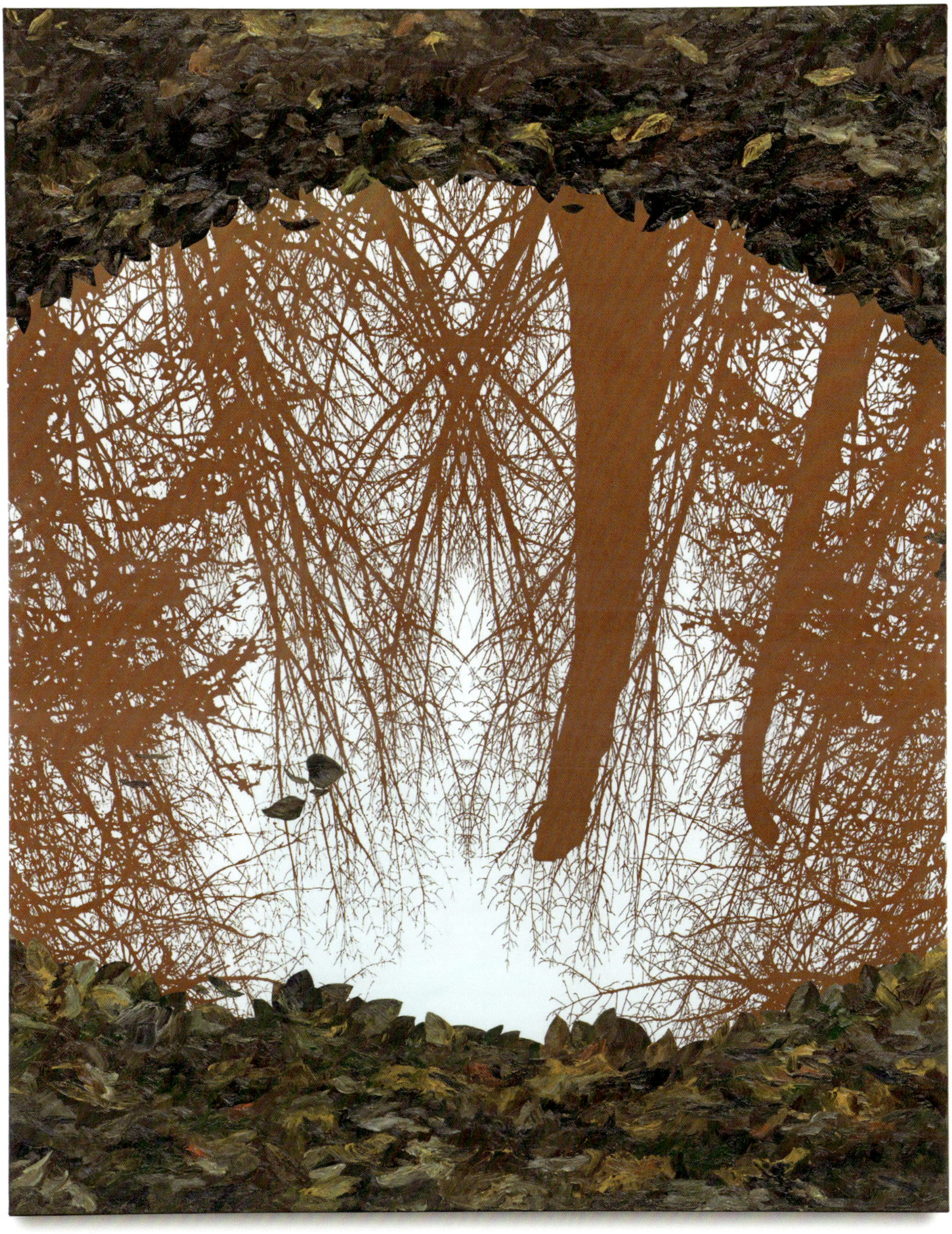

S.D.E.T.S.D.E.T. II, 2022
Öl und Lack auf Leinwand
250 × 200 cm

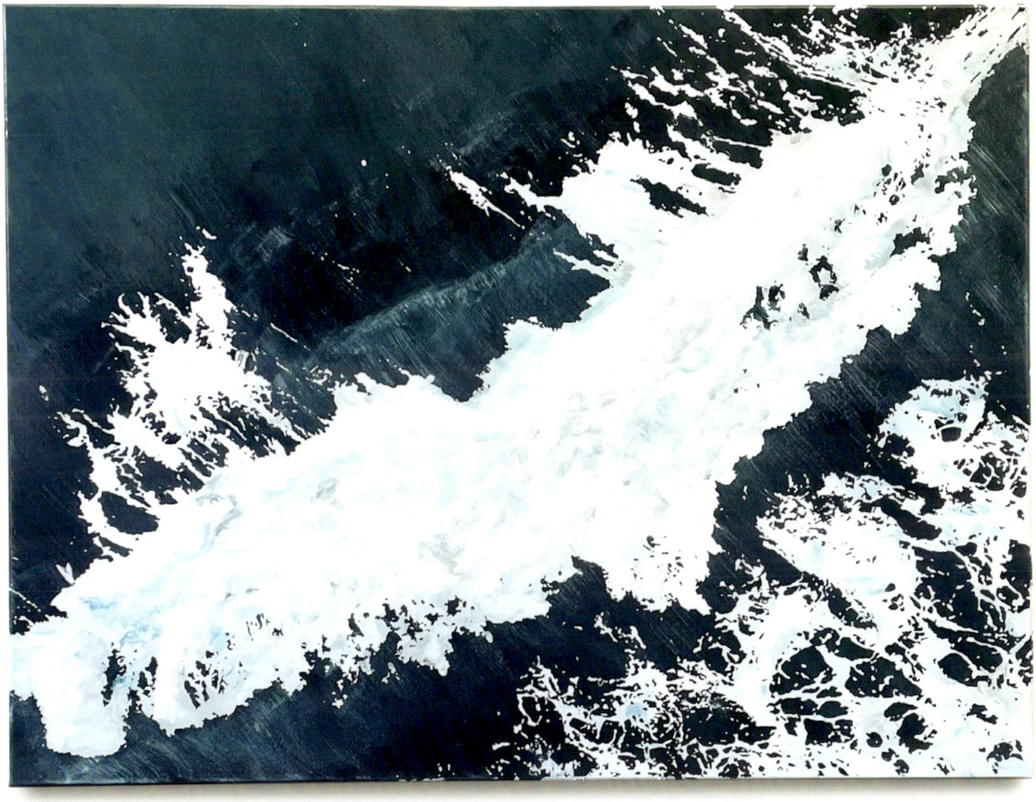

S.D.D.V., 2021
Lack auf Leinwand
85 × 115 cm
Privatsammlung Rügen

S.D.G.M. (Black), 2020
Lack auf Leinwand
85 × 60 cm

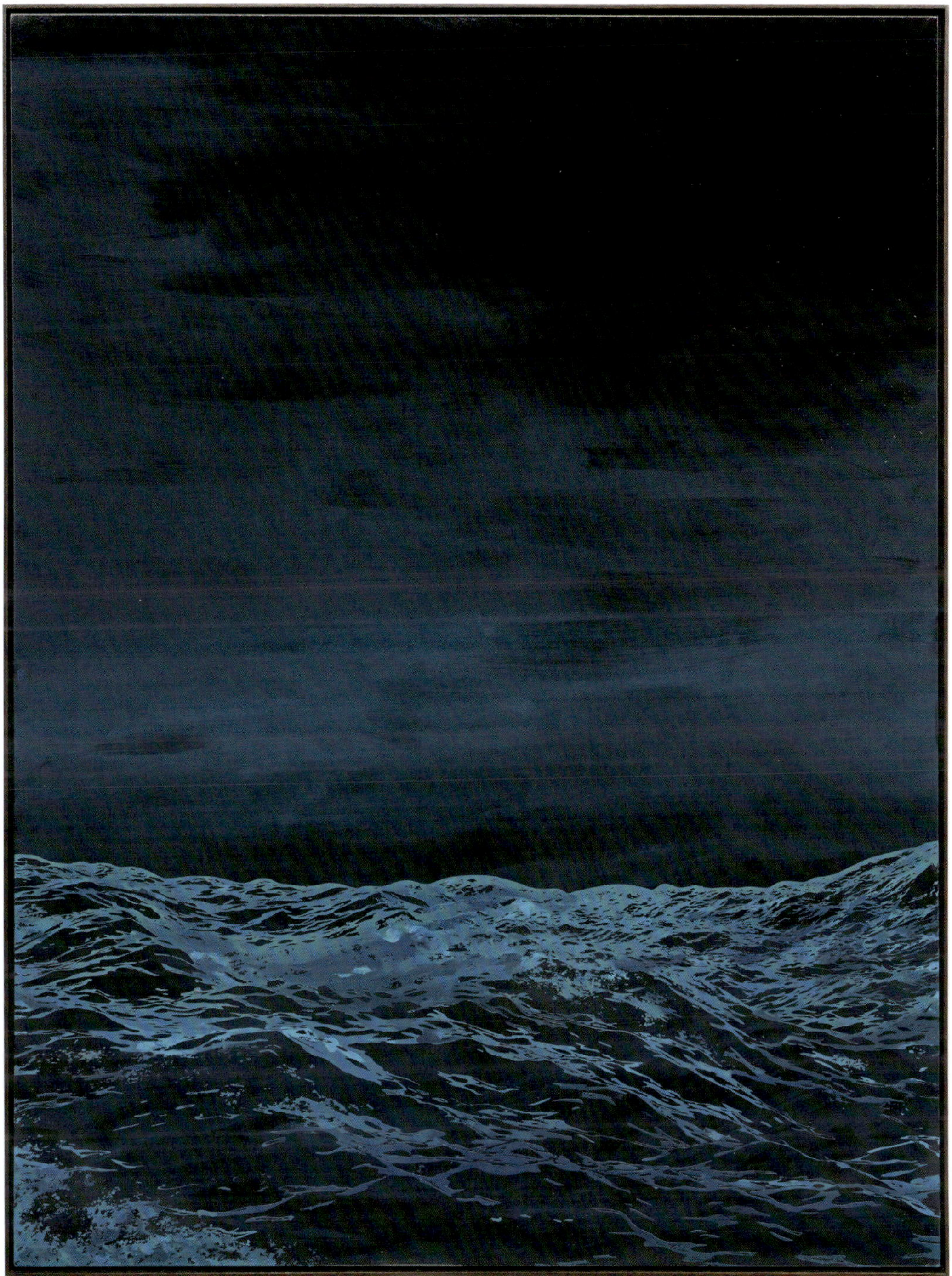

S.D.G.M., 2022
Lack auf Leinwand
200 × 150 cm

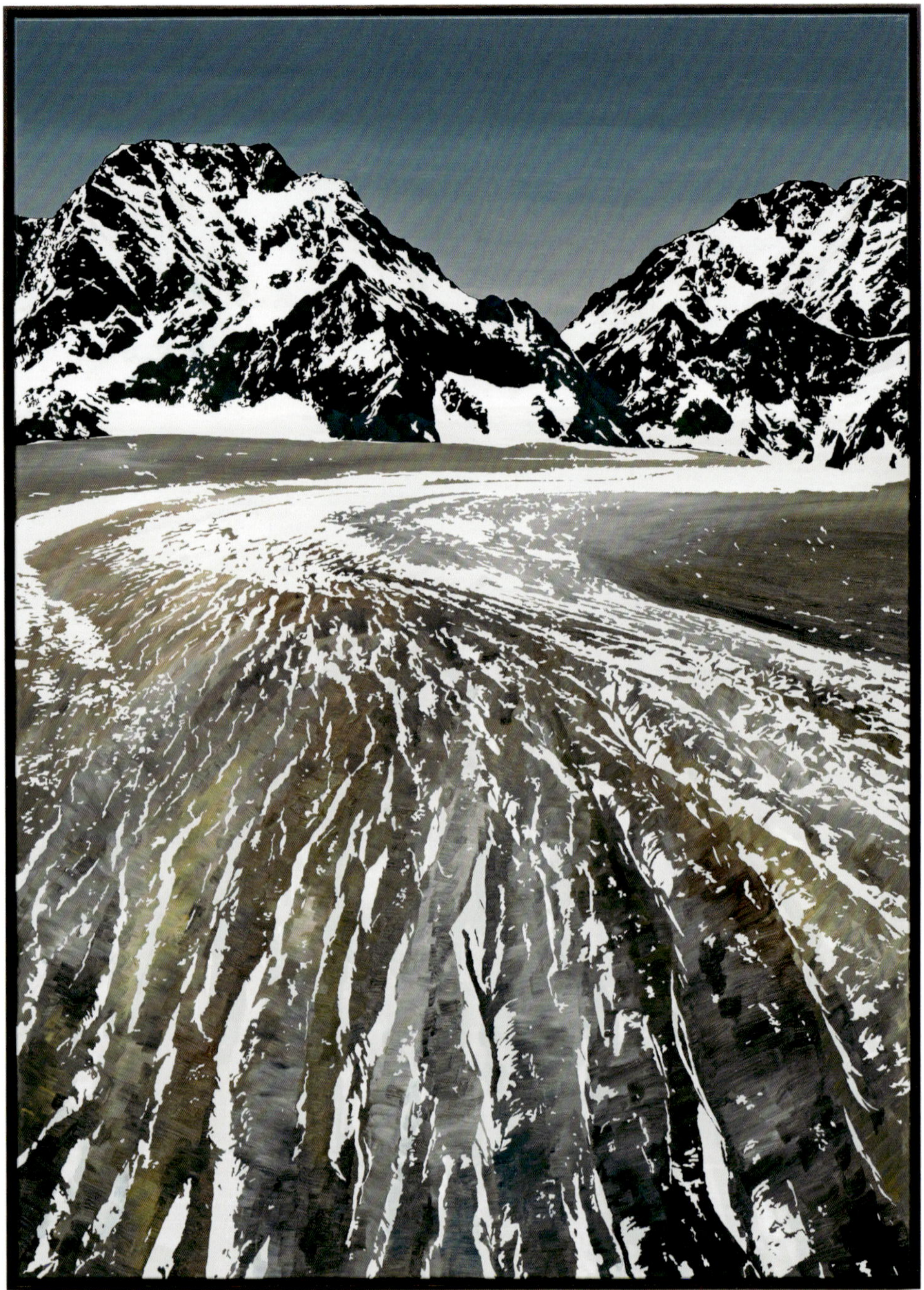

S.D.S.S.C.G.T., 2022
Öl und Lack auf Leinwand
180 × 130 cm

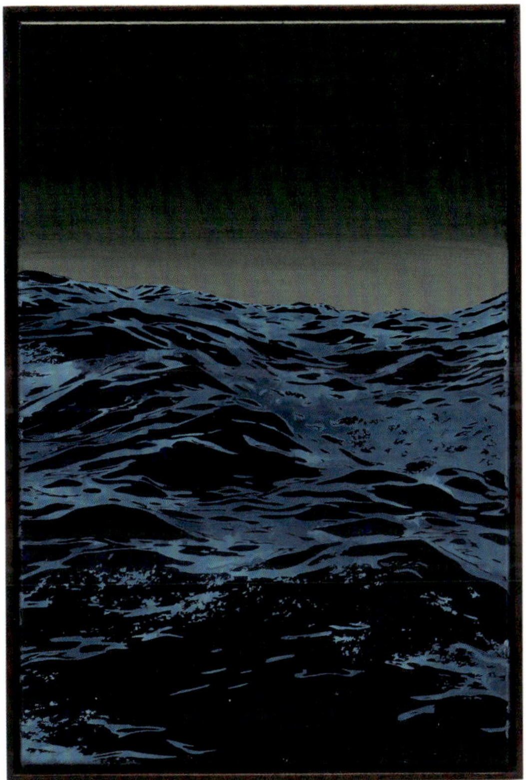

S.D.G.M. xs, 2022
Lack auf Leinwand
60 × 40 cm

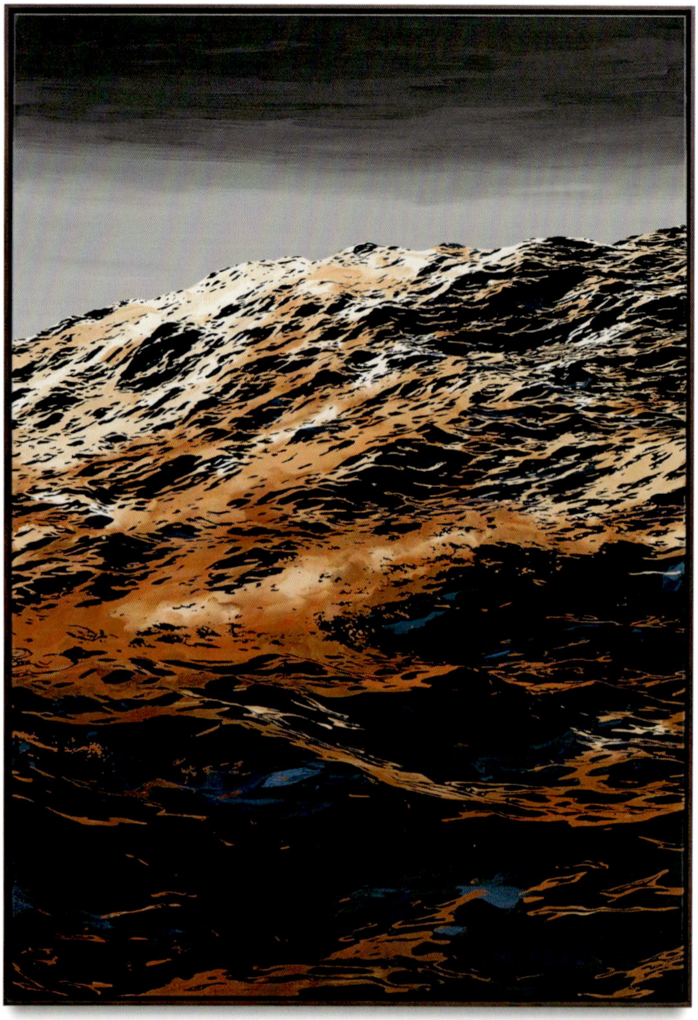

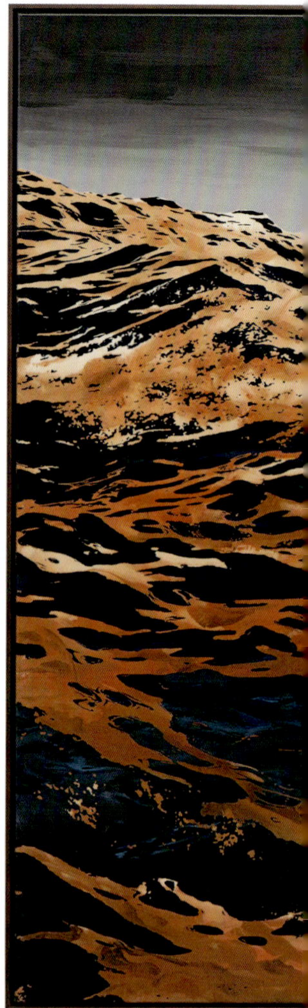

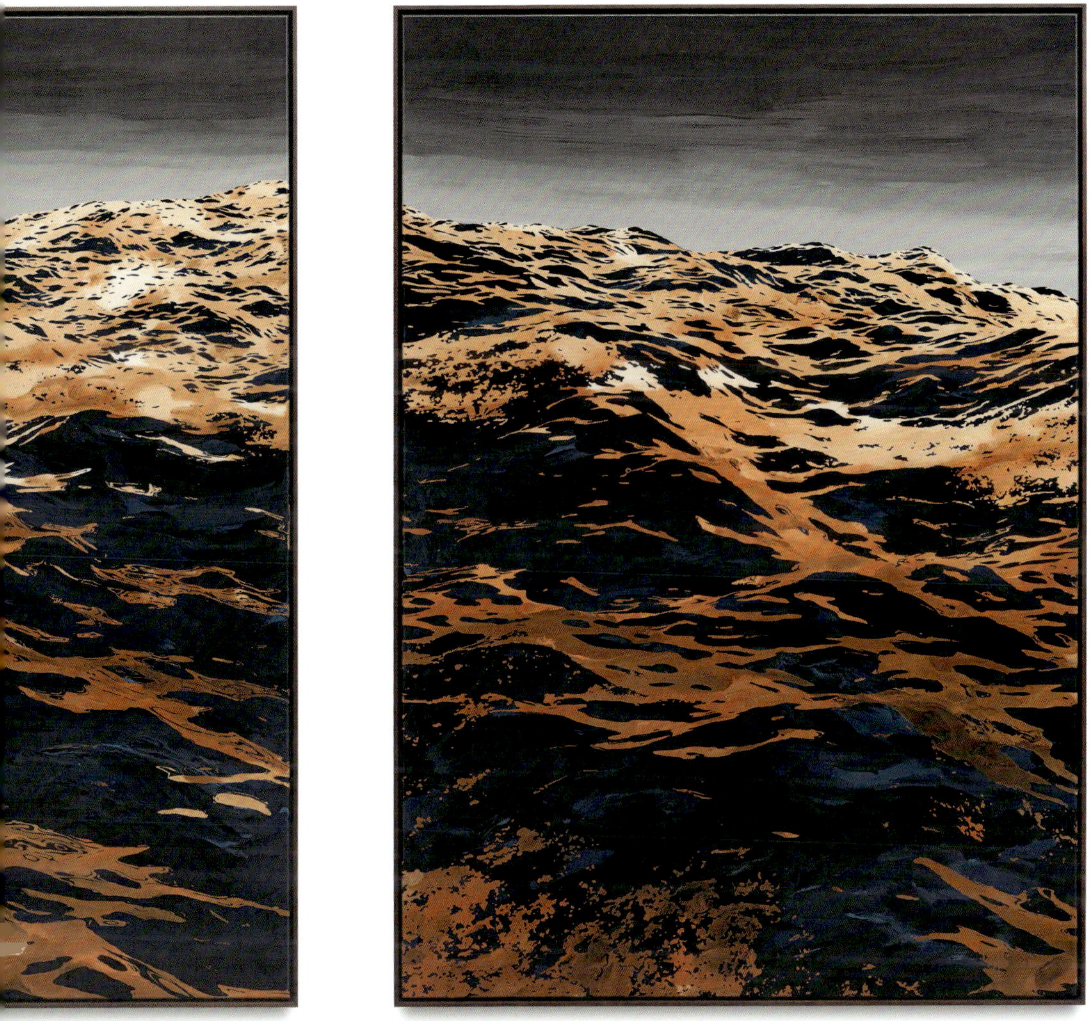

S.D.G.M I–III, 2018
Lack auf Leinwand
je 170 × 120 cm

Installationsansicht Kunsthalle Emden, 2021

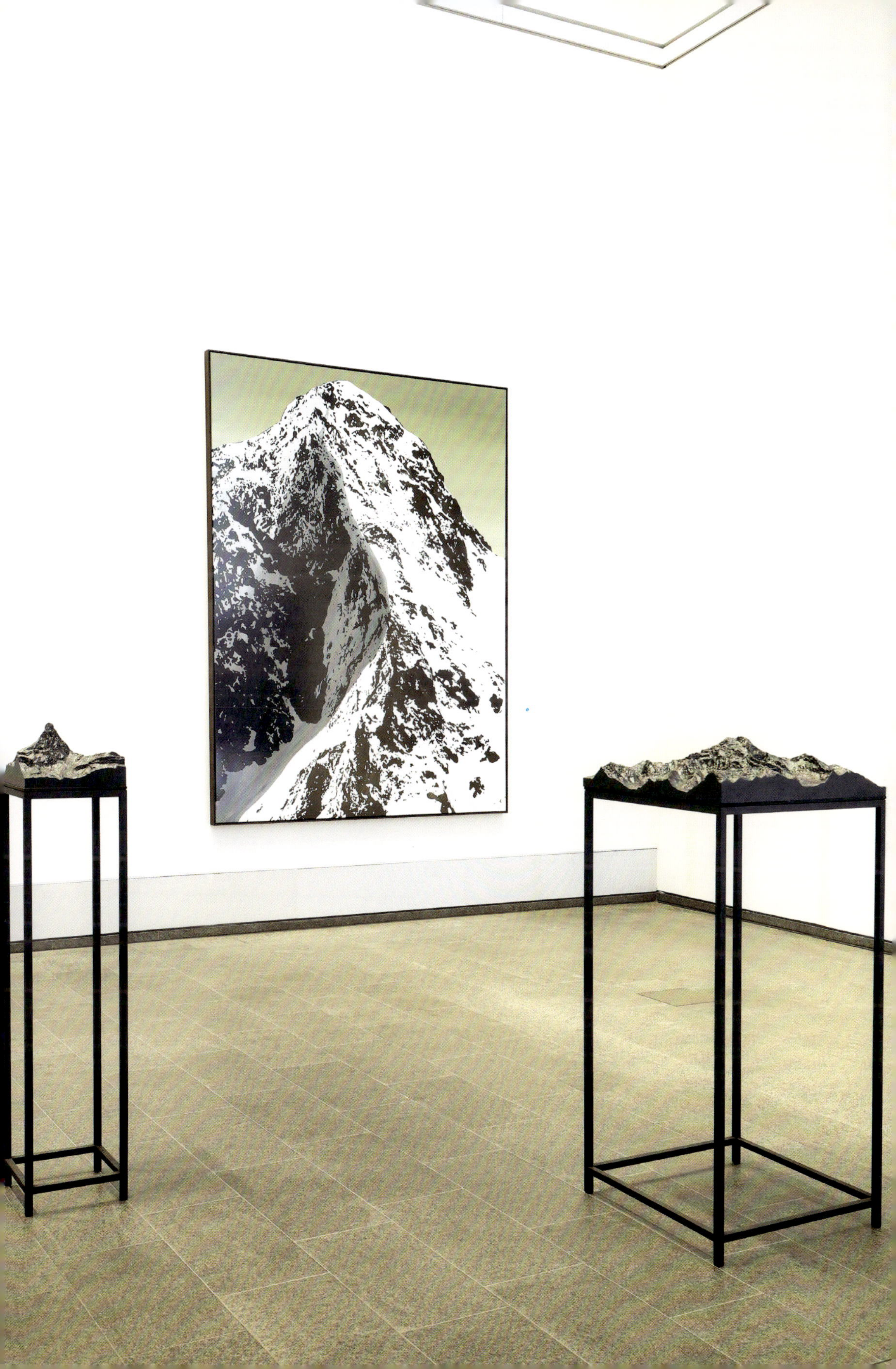

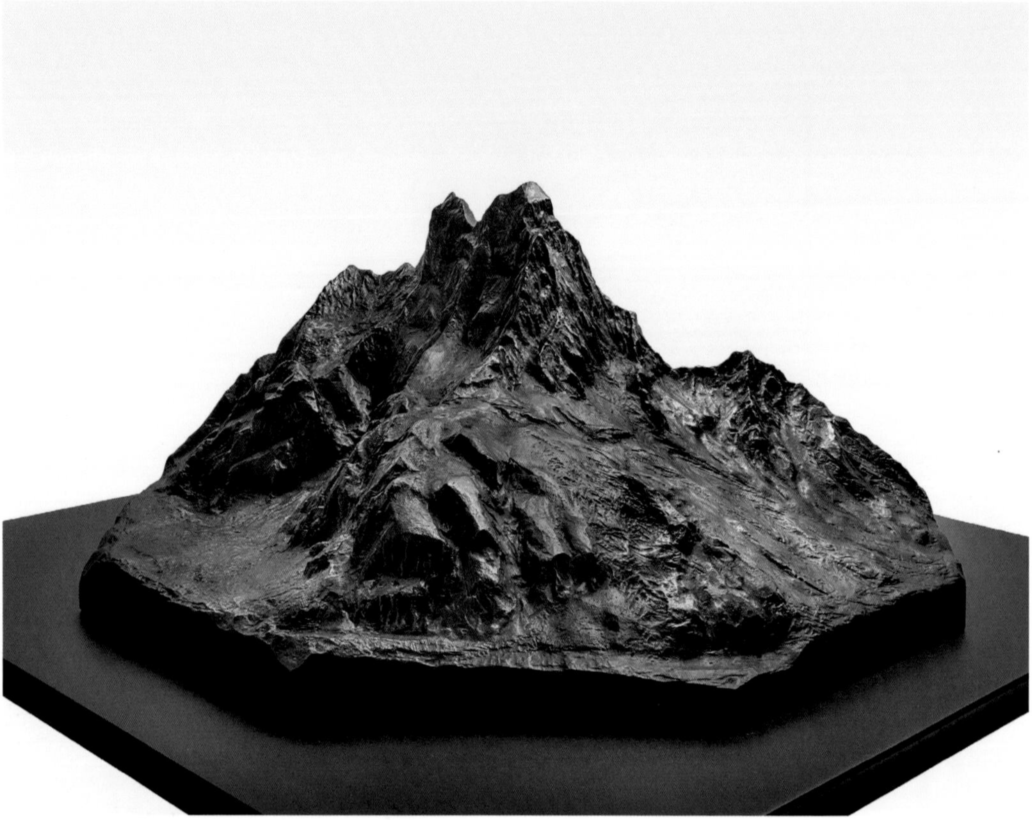

Shivling Eroded, 2021
Bronze, Edition III + E.A.
50 × 50 × 30 cm

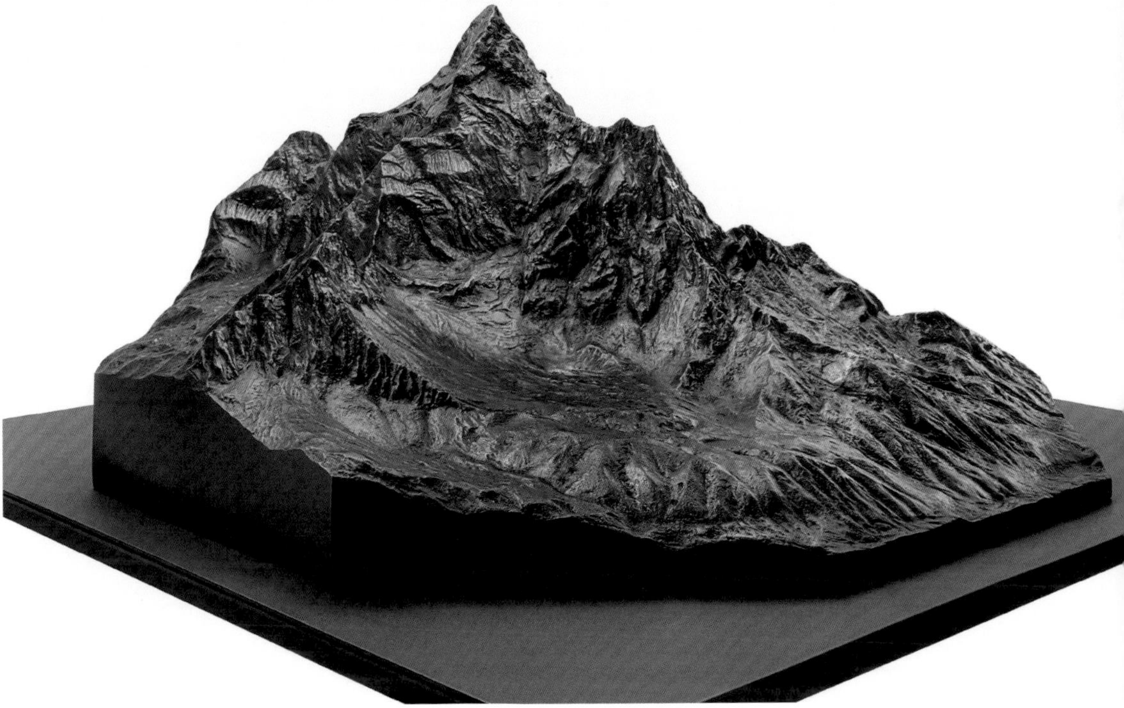

Ama Dablam Eroded, 2021
Bronze, Edition III + E.A.
80 × 80 × 40 cm

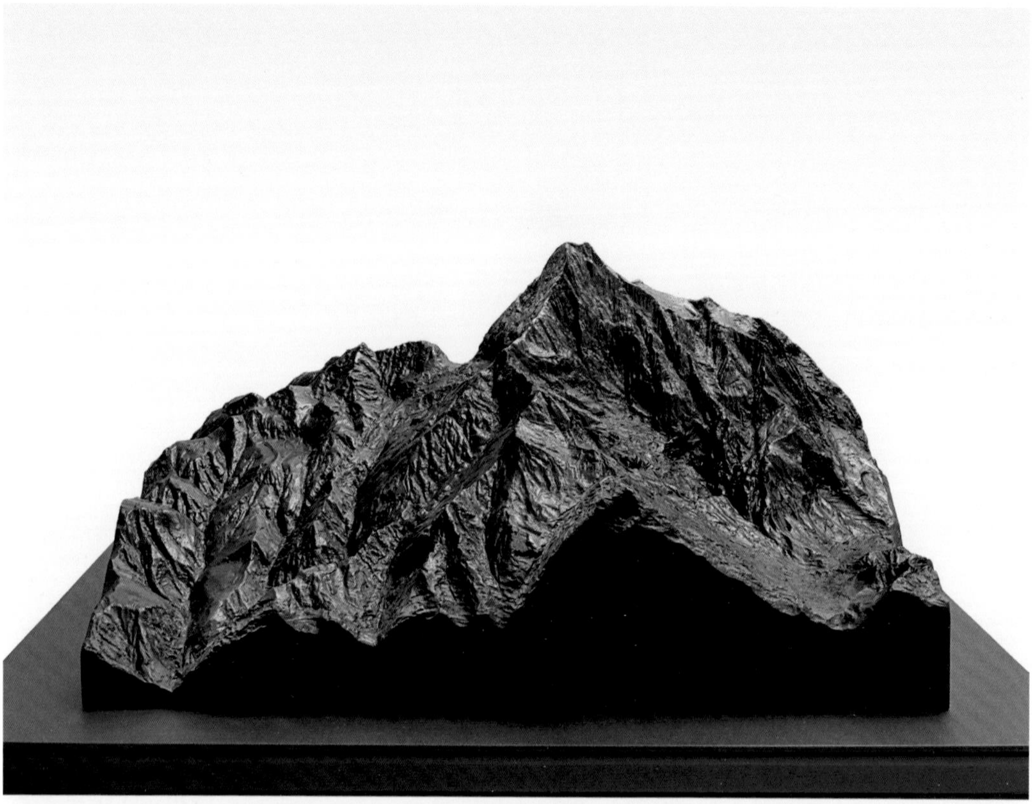

Machapuchare Eroded, 2021
Bronze, Edition III + E. A.
40 × 40 × 25 cm
Privatsammlung Berlin

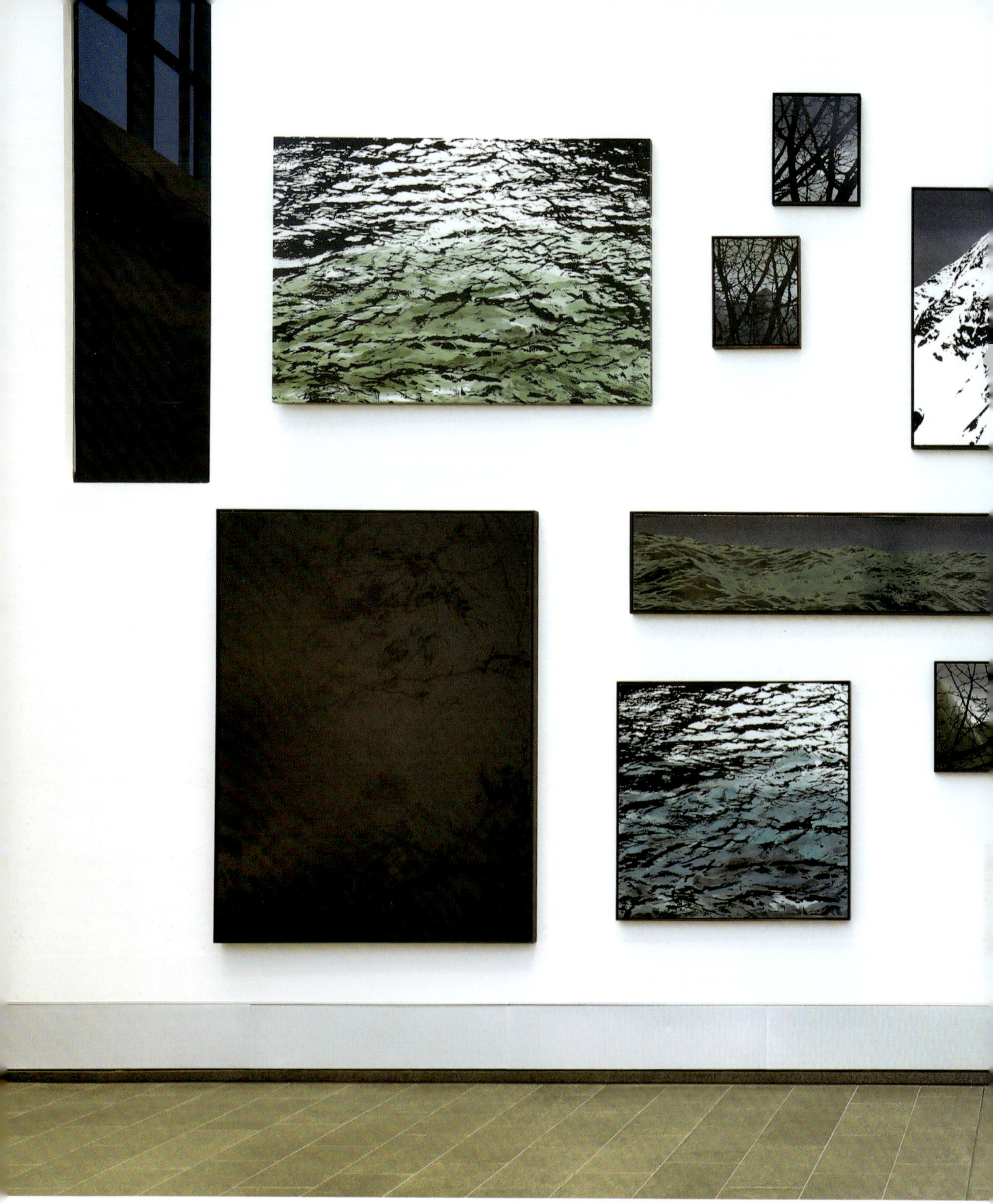

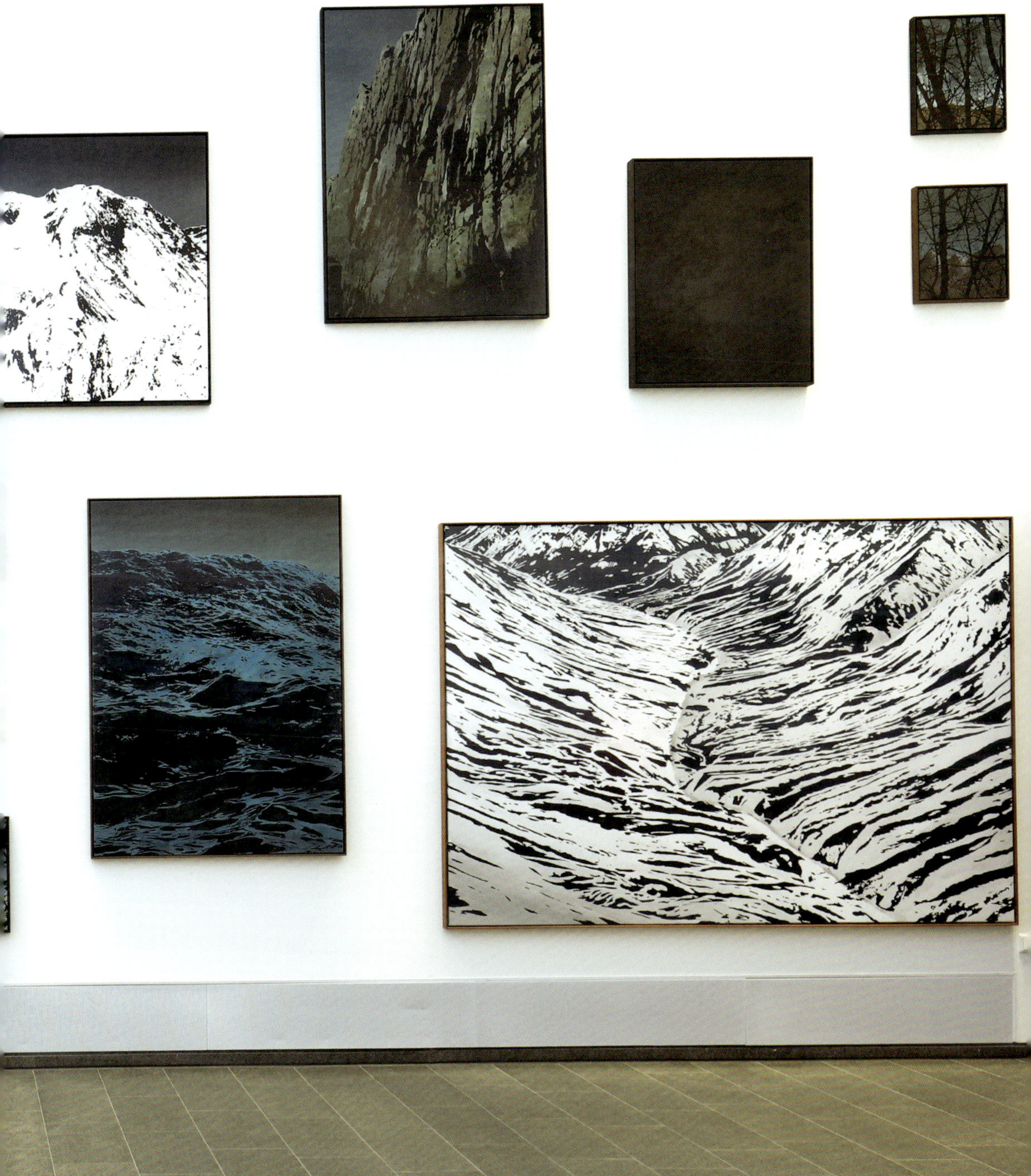

Installationsansicht Kunsthalle Emden, 2021

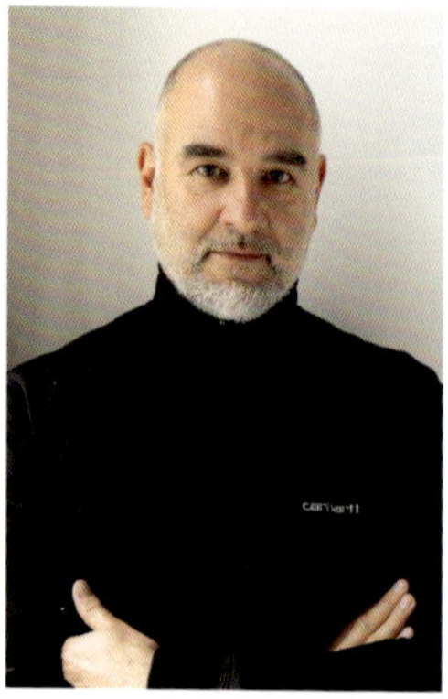

Vita

Sven Drühl

1968 geboren / born in Nassau
1991– 96 Studium Kunst und Mathematik / Studies fine art and mathematics, Universität GH Essen
2005 Promotion zum Dr. phil. / PhD
2007 Falkenrot Preis / Falkenrot Prize, Berlin
2008 Stipendium / Grant Pollock-Krasner Foundation, New York, USA
2011 Gastprofessur für Malerei / Guest Professor for Painting, China Academy of Art (CAA), Hangzhou, China
2016 Ehrenstipendium / Grant of Honour Künstlerhaus Lukas, Ahrenshoop

Einzelausstellungen (Auswahl) / Solo Exhibitions (Selection)

2023 Apokryphe Landschaften, Märkisches Museum Witten (Kat)
New Works, Bluerider ART, Shanghai, China
2022 Shin-hanga Epilogue, Städtische Galerie Bad Reichenhall
Die Aufregung II – 20 years later, Kunstverein Leverkusen (Kat)
Calculating Reality, a pick gallery, Turin, Italien
Virtual Landscapes II, Tony Wuethrich Galerie, Basel, Schweiz
2021 Apokryphe Landschaften, Kunsthalle Emden (Kat)
Virtual Landscapes, ALEXANDER OCHS PRIVATE, Berlin
2020 Apokryphe Landschaften, Marburger Kunstverein (Kat)
New Landscape 4.0, Bluerider Art, Taipeh, Taiwan
2019 Floating Landscapes, St. Matthäus-Kirche, Berlin
An der Küste, Galerie Hartwich, Sellin auf Rügen
New Paintings, CONRADS, Düsseldorf
2018 Painting Engineer, Neue Galerie Gladbeck
Mash-up, Kunstverein Coburg
Mountain High!, ALEXANDER OCHS PRIVATE, Berlin
2017 Simulacra, Tony Wuethrich Galerie, Basel, Schweiz
Simulationen. Landschaft jenseits der Wirklichkeit, Kunsthaus Nürnberg,Nürnberg
Permutation, Caspar-David-Friedrich-Zentrum, Greifswald
Simulated Landscapes, Opere Scelte, Turin, Italien
2016 Simulationen. Landschaft jenseits der Wirklichkeit, Haus am Waldsee, Berlin (Kat)
Shin-hanga. Japanische Landschaften, Kallmann-Museum Ismaning
Landscape Engineer, CONRADS, Düsseldorf
2015 Shin-hanga. Japanische Landschaften, Stadtgalerie Kiel (Kat)
Shin-hanga. Japanische Landschaften, Museum DKM, Duisburg
2014 Architekturen, Haus am Lützowplatz @ IG Metall, Berlin
Shin-hanga Prolog, Alexander Ochs Galleries, Berlin
2013 Werke 2001 – 2013, Von der Heydt-Kunsthalle, Wuppertal (Kat)
Interpretation, Kunstverein Schwäbisch Hall, Schwäbisch-Hall
2012 Strategien gegen Architekuren, LEVY Galerie, Hamburg (Kat)
Neon, Galerie Hartwich, Sellin auf Rügen

ArchScape, Alexander Ochs Galleries, Berlin
2011 Totentanz. Malerei und Skulptur, Hospitalhof Stuttgart (Kat)
2010 Shades of Grey, Galleri S.E, Bergen, Norwegen (Kat)
2008 The Modernist, Galerie der Stadt Backnang
Landscapism, Michael Schultz Gallery, Seoul, Südkorea (Kat)
Black Paintings, Galerie der Stadt Remscheid
blackscapes, Schultz Gallery Beijing, Peking, China (Kat)
2007 Falkenrot Preis 2007, Künstlerhaus Bethanien, Berlin (Kat)
2006 Artistic Research, Zeppelin Museum Friedrichshafen
Alpenterror, Städtische Galerie Waldkraiburg
Artistic Research, Museum der Stadt Ratingen (Kat)
2005 Serielle Landschaften, Rudolf-Scharpf-Galerie / Wilhelm-Hack-Museum, Ludwigshafen
Reload, gip contemporary, Zürich, Schweiz
Poplieferanten Zwei, Gesellschaft der Freunde junger Kunst, Baden-Baden (mit Stefan Wissel)
2004 Poplieferanten, Flottmann-Hallen Herne (mit Stefan Wissel) (Kat)
Chimaren, Galerie im Park, Burgdorf, Schweiz
2003 Der Sieg der Trophae, Künstlerverein Malkasten, Düsseldorf
2002 Die Aufregung, Museum Morsbroich, Leverkusen (Kat)
Die Aufregung, Museum am Ostwall, Dortmund
Remix, Fassbender Stevens Gallery, Chicago, USA

Gruppenausstellungen (Auswahl) / Group Exhibitions (Selection)

2022 Macht! Licht!, Kunstmuseum Wolfsburg (Kat)
Laboratorio Montagna, Museo Nazionale della Montagna, Turin, Italien
Mythos Wald, Kunsthalle Emden (K)
A midsummer nights dream, Bluerider ART, Taipeh, Taiwan
2021 New Luxe, Bluerider ART, Shanghai, China
SEE_Stücke | Fakten und Fiktion, Alfred Ehrhardt Stiftung, Berlin, (Kat)
Made in Germany, Bluerider ART, Taipeh, Taiwan
Japonismus 2.0. Landschaft im Zeichen Japans, Städtische Galerie Bietigheim-Bissingen
2020 SIGHT SEEING. Die Welt als Attraktion, Kunsthalle Emden (Kat)
Alptraum, Torrance Art Museum, Torrance, USA
SEE_Stücke | Fakten und Fiktion, Museum Kunst der Westküste, Alkersum (Kat)
2019 Inspiration Meisterwerk, Museum Villa Rot, Burgrieden
50 anos de realismo. Do fotorrealismo a realidade virtual, Centro Cultural do
Banco Brasil, Brasilia, Brasilien (Kat)
Alpen Mythos Natur, MEWO Kunsthalle Memmingen
Alptraum, La Estacion Gallery, Chihuahua, Mexiko
50 anos de realismo – Do fotorrealismo a realidade virtual, Centro Cultural do
Banco Brasil, Rio de Janeiro, Brasilien (Kat)
2018 Novy černy romantismus / New Black Romanticism, Topicuv Salon,
Prag, Tschechische Republik (Kat)
Wanderland. Eine Reise durch die Geschichte des Wanderns, Germanisches Nationalmuseum, Nürnberg (Kat)
50 anos de realismo. Do fotorrealismo a realidade virtual, Centro Cultural do
Banco Brasil, São Paulo, Brasilien (Kat)

Radziwill und die Gegenwart. Landschaft, Technik, Medien, Kunsthalle Emden, (Kat)
Kunst & Kohle. Die schwarze Seite, DKM Museum, Duisburg (Kat)
Neue Schwarze Romantik, Künstlerhaus Palais Thurn und Taxis, Bregenz, Österreich (Kat)
Black Box, Kunsthalle Lüneburg
2017 Berlin–Klondyke, UGM Maribor Art Gallery, Maribor, Slowenien
Art in Art, Museum of Contemporary Art in Krakow, Krakau, Polen (Kat)
Noul romantism negru / New Black Romanticism, National Museum of Art of
Romania, Bukarest, Rumänien / Romania
ZEIGEN, Galerie für Zeitgenössische Kunst Leipzig
Neue Schwarze Romantik, Künstlerhaus Bethanien, Berlin (Kat)
2016 Passion. Fan Behaviour and Art, Ludwig Museum – Museum of Contemporary Art, Budapest, Ungarn
Paesaggio Futuro, Opere Scelte, Mailand, Italien (Kat)
Passion. Fan-Verhalten und Kunst, Stadtgalerie Kiel
Schnittmengen. Zeitgenössische Kunst und die Überlieferung, Museum für Asiatische Kunst, Berlin
2015 Passion. Fan-Verhalten und Kunst, Kunsthaus Nürnberg, Nürnberg
Weltsichten, Situation Kunst / Museum unter Tage, Bochum
A Man Walks Into a Bar ..., me Collectors Room Berlin (Kat)
Land in Sicht, Weserburg Museum für moderne Kunst, Bremen
Passion. Fan-Verhalten und Kunst, Künstlerhaus Bethanien, Berlin (Kat)
Alptraum, Visual Voice Gallery, Montreal, Kanada
2014 Weltsichten, Bonnefantenmuseum, Maastricht, Niederlande
Alptraum, UGM Maribor Art Gallery, Maribor, Slowenien
SCHEINWERFER. Lichtkunst in Deutschland im 21. Jahrhundert, Kunstmuseum Celle (Kat)
Elsewhere. Sehnsuchtsbilder in der zeitgenössischen Kunst, Kallmann-Museum Ismaning
Bielefeld Contemporary, Bielefelder Kunstverein
2013 Kalte Rinden – Seltene Erden, Städtische Galerie Bietigheim-Bissingen
Circles/Kreise, Kunstverein Bamberg (Kat)
Dark Matters, Kunstverein Ulm
2012 Convoy Berlin, Haus der Künste, Veszprém, Ungarn
Weltsichten, Kunstmuseum Dieselkraftwerk Cottbus
Convoy Berlin, Biksady Gallery, Budapest, Ungarn (Kat)
Alptraum, Green Papaya Art Projects, Quezon City, Manila
Landschaft als Weltsicht, Kunstsammlungen Chemnitz
Kalte Rinden – Seltene Erden, Stadtgalerie Kiel (Kat)
Alptraum, Goethe Institut, Johannesburg, Südafrika
2011 Halleluhwah. Hommage a CAN, Künstlerhaus Bethanien, Berlin (Kat)
Landschaft als Weltsicht, Museum Wiesbaden
Berlin–Klondike, Klondike Institute of Art & Culture, Dawson City, Kanada
Alptraum, The Company, Los Angeles, USA
Hirschfaktor. Die Kunst des Zitierens, ZKM | Museum für Neue Kunst,Karlsruhe (Kat)
DEAD_Lines. Der Tod in Kunst – Medien – Alltag, Von der Heydt-Kunsthalle, Wuppertal (Kat)
Weltsichten, Kunsthalle Kiel
Alptraum, Cell Project Space, London, UK
2010 Alptraum, Transformer Gallery, Washington, D.C., USA
Perm Biennale for Works on Paper, Perm Museum of Contemporary Art, Perm, Russland (Kat)
Culture(s) of Copy, Edith-Russ-Haus für Medienkunst, Oldenburg
Culture(s) of Copy, Goethe-Institut, Hong Kong Arts Center, Hong Kong

Weltsichten. Landschaft in der Kunst seit dem 17. Jhd., Situation Kunst, Bochum (Kat)
MIXED, Brandenburgischer Kunstverein Potsdam
MIXED, Märkisches Museum Witten (Kat)
Constructed Landscapes, Neue Galerie Gladbeck
2009 Beijing 798 Biennale, Peking, China (Kat)
Gemeinsam in Bewegung. Zeitgenössische Kunst aus Deutschland und China,Wuhan Art Museum, Wuhan, China (Kat)
Privat, Von der Heydt-Museum, Wuppertal (Kat)
2008 Schwarze Galle, roter Saft. Aspekte des Melancholischen, b-05 Kunstzentrum, Montabaur (Kat)
ITCA International Triennale of Contemporary Art, National Gallery Prague, Tschechische Republik (Kat)
2007 Idylle. Traum und Trugschluss, Galerie der Stadt Remscheid
Idilio, Domus Artium 2002, Salamanca, Spanien (Kat)
Frisch gestrichen, Museum Franz Gertsch, Burgdorf, Schweiz (Kat)
100 Jahre Kunsthalle Mannheim, Kunsthalle Mannheim
2006 Arena der Abstraktion, Museum Morsbroich, Leverkusen
Landschafts-Paraphrasen. Rowena Dring, Sven Druhl, Eberhard Havekost, Birgit Jensen, Museum Baden, Solingen (Kat)
Painting as Presence, Künstlerhaus Bethanien, Berlin (Kat)
Idylle. Traum und Trugschluss, Sammlung Falckenberg / Phoenix-Hallen, Hamburg (Kat)
2005 Lichtkunst aus Kunstlicht, ZKM | Museum für Neue Kunst, Karlsruhe (Kat)
De Natura, Abbaye Saint-André – CentrEd'Art Contemporain, Meymac, Frankreich
what doesn't fit, The Nunnery Gallery, London, UK (Kat)
Colours & Trips, Palais Thurn und Taxis, Bregenz, Österreich (Kat)
2004 V.I.P. 2. Die Neuen, Museum Morsbroich, Leverkusen
2003 X. Rohkunstbau, Schloss Groß Leuthen, Spreewald (Kat)
lebt und arbeitet in ..., Neuer Kunstverein Aschaffenburg (Kat)
Scapes. Part One, Tony Wuethrich Galerie, Basel, Schweiz
2002 V.I.P. Very Important Pieces, Museum Morsbroich, Leverkusen
1999 junger westen 99, Kunsthalle Recklinghausen (Kat)
Hoch lebe das edle Handwerk der Schlachter!, Städtische Galerie im Museum Folkwang, Essen (Kat)

Sammlungen / Collections
Museum für Asiatische Kunst, Berlin / Berlinische Galerie – Museum für moderne Kunst, Berlin / Museum DKM, Duisburg / Kunsthalle Emden / Kunstmuseum Wolfsburg / Märkisches Museum Witten / Museum Franz Gertsch, Burgdorf, Schweiz / Museum Morsbroich, Leverkusen / Museum Situation Kunst, Bochum / Museum der Stadt Ratingen / Stadtgalerie Kiel / Von der Heydt-Museum, Wuppertal / ZKM Museum für Neue Kunst, Karlsruhe / Stadt Essen / Städtische Galerie Backnang / Landesregierung Baden-Württemberg / Collection Allianz-Forum, Berlin / Corprate Collection Basler Versicherungen, Bad Homburg / Collection Cardia, Porto, Portugal / Corporate Collection COROPLAST, Wuppertal / Collection Deutsche Bank / E.ON Art Collection, Düsseldorf / Collection Gädeke, Berlin / Collection HypoVereinsbank, München / Collection Hotel Bayern, Tegernsee / Collection Kerber, Bielefeld / Collection Leinemann, Berlin / Collection Lobeck, Wuppertal / Collection Michel, Bern, Schweiz / Corporate Collection Novartis, Basel, Schweiz / Collection PHILARA, Düsseldorf / Collection Prinz von Hohenlohe / Collection Sperling, Mainburg / Corporate Collection SØR Rusche / Corporate Collection UTM, Luxembourg / Collection Wemhöner / Collection Zhang Zhenqingn, Shanghai, China und Privatsammlungen in Belgien, China, Deutschland, UK, Italien, Luxemburg, Dänemark, Norwegen, Portugal, Spanien, Schweiz, Süd-Korea, Taiwan und USA

Diese Publikation erscheint anlässlich der Ausstellung: Sven Drühl: Die Aufregung II – 20 years later
This publication is released to accompany the exhibition: Sven Drühl: The Excitement II – 20 years later
Kunstverein Leverkusen Schloss Morsbroich e.V. 4.11.–4.12.2022

Herausgeber / Editor: Kunstverein Leverkusen Schloss Morsbroich e.V.
Texte / Texts: Gerhard Finckh / Susanne Wedewer-Pampus
Gestaltung / Design: Claudia Bachmann, Berlin
Fotografie / Photography: Lepkowski Studios, Berlin
S. 24: Markus Bachmann, S. 69, 74: Martinus Ekkenga
Portrait / Portrait: Carolin Seeliger, Berlin
Lektorat / Copyediting: Viola van Beek, Berlin
Übersetzung / Translation: Lucinda Rennison, Berlin
Projektmanagement / Project Management, Kerber Verlag: Lydia Fuchs
Herstellung / Production, Kerber Verlag: Jens Bartneck

Gesamtherstellung / Printed and published by
Kerber Verlag
Windelsbleicher Str. 166–170
33659 Bielefeld
Germany
+49 521 950 08 10
+49 521 950 08 88 (F)
info@kerberverlag.com
kerberverlag.com

Kerber Publikationen werden weltweit vertrieben: / Kerber publications are distributed worldwide:

ACC Art Books
Sandy Lane
Old Martlesham
Woodbridge, IP12 4SD
UK
+44 1394 38 99 50
+44 1394 38 99 99 (F)
accartbooks.com
uksales@accartbooks.com

Artbook | D.A.P.
75 Broad Street, Suite 630
New York, NY 10004
USA
+1 (212) 627-1999
+1 (212) 627-9484 (F)
artbook.com
orders@dapinc.com

AVA Verlagsauslieferung AG
Centralweg 16
8910 Affoltern am Albis
Switzerland
+41 44 762 42 50
+41 44 762 42 10 (F)
avainfo@ava.ch

Zeitfracht GmbH
Verlagsauslieferung
+49 711 7860 2254
bestellung@zeitfracht.de

Die Deutsche Nationalbibliothek verzeichnet diese Publikation in der Deutschen Nationalbibliografie: dnb.de. /
The Deutsche Nationalbibliothek lists this publication in the Deutsche Nationalbibliografie: dnb.de.

ISBN 978-3-7356-0865-9

www.kerberverlag.com
Printed in Germany